D1922786

Bernadette Kessler

Kita-Praktika professionell begleiten

Informationen und Materialien rund um die Praktikumsbetreuung in Kindertageseinrichtungen

Ökotopia Verlag, Aachen

Impressum

Autorin Bernadette Kessler
Fotos Maximilian Laufer
Lektorin Silke Lübbers
Covergestaltung designmeetsmotion.com
Layout & Satz designmeetsmotion.com, Tina Meffert
Druck Drukarnia Dimograf Sp. z o.o. Polen

ISBN 978-3-86702-397-9
2. Auflage 2021

Bleiben Sie in Kontakt
www.oekotopia-verlag.de

MIX
Papier aus verantwortungsvollen Quellen
FSC® C018236

Klimaneutral
Druckprodukt
ClimatePartner.com/12995-2011-1043

Inhalt

Vorwort

Liebe Leserinnen und Leser,

angehende Erzieherinnen und Erzieher absolvieren im Laufe ihrer Ausbildung verschiedene Praktika, die sich je nach Bundesland in Anzahl, Dauer und Inhalt unterscheiden können. Dieses Buch versucht, wichtige grundsätzliche Informationen zusammenzutragen, die für jede Art von Kita-Praktika bedeutsam sind. Es klärt die Rahmenbedingungen und Inhalte der Praktika, geht auf die bedeutsame Rolle und die Aufgaben der Anleitung in den verschiedenen Praktika ein und unterstützt so Ihre alltägliche Arbeit im Anleitungsprozess.

Zudem gibt dieses Buch Ihnen eine Hilfestellung bei Reflexions- und Anleitungsgesprächen und bei der Bewertung der Praktikumsleistung. Darüber hinaus finden Sie Hilfestellung bei der Erstellung eines individuellen Ausbildungsplanes und die Verzahnung zwischen Praxis und Schule wird aufgezeigt. Sie erhalten einen Überblick über die Inhalte verschiedener Praktika sowie über die Lerninhalte und Lernziele des Praktikums. Auch erhalten Sie eine Übersicht über die Inhalte der Praktikumsdokumentation. Somit ist das Buch nicht nur für Sie als Anleiterinnen und Anleiter geeignet, sondern stellt auch eine Orientierungshilfe für Praktikantinnen und Praktikanten dar, die Praktika durchlaufen und ihre Praktikums- oder Projektberichte erarbeiten. Das letzte Kapitel stellt Ihnen Zusatzmaterialien als Kopiervorlagen zur Verfügung, die im Rahmen des Praktikums dienlich sein können.

1 Rahmenbedingungen und Inhalte von Kita-Praktika

1.1 Zugangsvoraussetzungen zur ErzieherInnenausbildung

Die Zugangsvoraussetzungen zur ErzieherInnenausbildung in den Bundesländern sind sehr unterschiedlich geregelt. Ein mittlerer Bildungsabschluss und eine abgeschlossene berufliche Vorbildung in einem sozialpädagogischen oder sozialen Beruf sind für den Beruf der Erzieherin bzw. des Erziehers allerdings immer erforderlich. Je nach Bundesland gibt es unterschiedliche Möglichkeiten des Tätigkeitsnachweises. So variiert dies von einem Vorpraktikum in einer sozialpädagogischen Einrichtung bis zu einer abgeschlossenen Berufsausbildung, z. B. als SozialassistentIn. Zudem gibt es verschiedene Zusatzleistungen, die auf die beruflichen Voraussetzungen angerechnet werden können, z. B. ein freiwilliges soziales Jahr oder Studienleistungen an Fachhochschulen.

Ausbildung

Die Ausbildung zur Erzieherin bzw. zum Erzieher erfolgt unter anderem als Vollzeitausbildung an Fachschulen für Sozialpädagogik, Fachakademien, Berufsfachschulen, Berufsakademien oder Berufskollegs. Darüber hinaus gibt es die berufsbegleitende Teilzeitausbildung und Fernkurse, in denen sich die Ausbildung absolvieren lässt. Mittlerweile gibt es auch die Möglichkeit, die ErzieherInnenausbildung in Form eines Fachhochschulstudiums zu absolvieren.

Ausbildungszeit

Entsprechend dem Beschluss der Kultusministerkonferenz hat die gesamte ErzieherInnenausbildung – einschließlich der erforderlichen Vorbildung – fünf Jahre, mindestens jedoch vier Jahre, zu umfassen. Die Ausbildung an einer Fachschule muss demnach drei Jahre, mindestens jedoch zwei Jahre dauern (vgl. KMK: Rahmenvereinbarung über Fachschulen, 2016, S. 24). In den meisten Bundesländern gelten drei Ausbildungsjahre, aufgeteilt in zwei Jahre schulischer Ausbildung und ein einjähriges Anerkennungsjahr. Es gibt auch die Möglichkeit, das Anerkennungsjahr halbtags über zwei Jahre abzuleisten. Es muss auch nicht unbedingt im Anschluss an die schulische Ausbildung absolviert werden.

1.1.1 Lehrplanvorgaben

Ausbildungsinhalte

Die Ausgestaltung der Ausbildungsinhalte liegt generell in der Bildungshoheit der Länder. Daher ist die ErzieherInnenausbildung nicht bundeseinheitlich geregelt. Gemeinsam haben 14 von 16 Bundesländern jedoch im Jahr 2012 einen länderübergreifenden Lehrplan entworfen, der als Grundlage dienen soll, um die vorhandenen Lehrpläne daran anzupassen.

TIPP: Eine Auflistung der aktuellen Lehrpläne und Richtlinien der einzelnen Bundesländer sowie der Entwurf des länderübergreifenden Lehrplans für die ErzieherInnenausbildung vom 1. Juli 2012 findet sich beispielsweise unter www.bildungsserver.de/Ausbildung-zur-Erzieherin-zum-Erzieher-2459.html (Abruf: 31.01.2017).

Im Entwurf des länderübergreifenden Lehrplans werden wichtige Lernfelder definiert und mit Inhalt gefüllt. Hinweise auf die konkrete Einbindung und den Aufbau von Praktika gibt der Entwurf jedoch nicht.

Auszug aus Lehrplanteil

Stundentafel	
Lernbereiche	**Unterrichtsstunden**
Fachrichtungsübergreifender Lernbereich	**mind. 360**[1]
Fachrichtungsbezogener Lernbereich	**mind. 1800**[1]
Berufliche Identität und professionelle Perspektiven entwickeln	160–200
Pädagogische Beziehungen gestalten und mit Gruppen pädagogisch arbeiten	240–280
Lebenswelten und Diversitäten wahrnehmen, verstehen und Inklusion fördern	240–280
Sozialpädagogische Bildungsarbeit in den Bildungsbereichen professionell gestalten	600–680
Erziehungs- und Bildungspartnerschaften mit Eltern und Bezugspersonen gestalten sowie Übergänge unterstützen	160–200
Institution und Team entwickeln sowie in Netzwerken kooperieren	160–200
Wahlpflichtbereich [2]	240–360
Summe: Fachrichtungsbezogener Lernbereich	1800–2200
Lernbereiche insgesamt	**mind. 2400**[1]
Praxis in Einrichtungen der Kinder- und Jugendarbeit	mind. 1200[1]

Lernfelder

Die Entwicklung neuer Bildungspläne für die ErzieherInnenausbildung richtet sich nach der Rahmenvereinbarung über Fachschulen (Beschluss der Kultusministerkonferenz vom 07.11.2002 i. d. F. vom 02.03.2012). Zwar unterscheiden sich auch die aktuellen Bildungspläne in den verschiedenen Bundesländern noch immer stark, jedoch greifen sie alle die Handlungsorientierung nach Lernfeldern auf. Je nach Bundesland wird das jeweilige Lernfeld in den Lehrplänen auch als Modul, Themenfeld oder Lernbereich bezeichnet. Außerdem unterscheiden sich diese Gliederungseinheiten in ihrer inhaltlichen Ausgestaltung.

Auch wenn nicht alle Bundesländer in ihrem Lehrplan ausdrücklich Lernfelder formulieren, so fordern dennoch alle, dass sich der Unterricht an beruflichen Aufgabenstellungen und Themen orientiert und Handlungskompetenz vermittelt werden soll.

[1] Rahmenstundentafel der Fachschule/Fachakademie für Sozialpädagogik in Rahmenvereinbarung über Fachschulen (Beschluss der Kultusministerkonferenz vom 7.11.2002), Seite 26

[2] Der Wahlpflichtbereich ist Teil des fachrichtungsbezogenen Lernbereichs und ermöglicht es, die Ausbildung in einem Arbeitsfeld und/oder Themenbereich der Kinder- und Jugendhilfe exemplarisch zu erweitern oder zu vertiefen.

1.1.2 Praktika innerhalb der Ausbildung

Verschiedene Praktika sind in den verschiedenen Phasen der Ausbildung zur Erzieherin bzw. zum Erzieher oder in verwandten Ausbildungsberufen zentral. Durch die unterschiedlichen Zugangsvoraussetzungen und die voneinander abweichende Ausbildungsstruktur in den einzelnen Bundesländern unterscheiden sich allerdings die Bezeichnungen und inhaltlichen Vorgaben von Kita-Praktika stark. Sie sind zudem – je nach Ausbildungsstruktur innerhalb des Bundeslandes – von unterschiedlicher zeitlicher Dauer und Wertigkeit innerhalb der Ausbildung. Wenn innerhalb der ErzieherInnenausbildung also von Hospitationspraktikum, Vorpraktikum, Pflichtpraktikum, Übungspraktikum, Blockpraktikum, sonderpädagogischem Praktikum oder dem Anerkennungspraktikum die Rede ist, sind damit häufig unterschiedliche Inhalte und auch verschiedene Zeiträume gemeint, die sich von Bundesland zu Bundesland unterscheiden können. Diese Bezeichnungen werden auch in den Leitfäden der verschiedenen Länder für die berufspraktische Ausbildung an Fachschulen unterschiedlich verwendet.

Unterschiedliche Bezeichnungen

Jedes Praktikum hat seinen Stellenwert in der ErzieherInnenausbildung und stellt unterschiedliche Anforderungen an die Anleitung und an die Praktikantinnen und Praktikanten. Sie bauen aufeinander auf und steigern den professionellen Anspruch für alle Beteiligten.

Berufspraktikum und Anerkennungsjahr

Allgemein lässt sich sagen, dass in die Ausbildung zur staatlich anerkannten Erzieherin bzw. zum staatlich anerkannten Erzieher immer ein Berufspraktikum integriert ist. In der Regel schließt sich dieses Berufspraktikum als Anerkennungsjahr an die schulische Ausbildung an. Am Ende dieses Anerkennungsjahres muss eine Prüfung (bestehend aus Projektbericht/Praktikumsbericht, Kolloquium und/oder mündliche Prüfung) abgelegt werden, die in der Regel einen praktischen Bezug zur einjährigen Tätigkeit in einer sozialpädagogischen Einrichtung aufweist (z. B. die Organisation, Planung und Durchführung eines Projekts, siehe Kapitel 3) und die ErzieherInnenpersönlichkeit in ihrem Handeln überprüft.

Auch werden die Regelungen, in welchem Zeitraum das Berufspraktikum bzw. Anerkennungsjahr (die Begriffe werden meist synonym verwendet, siehe Kapitel 1.2.3) begonnen werden muss, individuell in den Bundesländern gehandhabt. Es besteht beispielsweise die Möglichkeit, das Berufspraktikum bzw. Anerkennungsjahr halbtags über zwei Jahre abzuleisten. Einige Schulen unterteilen das Berufspraktikum bzw. Anerkennungsjahr auch in Praktikumsblöcke und verteilen sie über die dreijährige Ausbildungszeit. Es muss somit nicht unbedingt im Anschluss an die schulische Ausbildung absolviert werden.

1.2 Praktika als wichtige Bausteine der Ausbildung

Anfang des 20. Jahrhunderts wurde die ErzieherInnenausbildung an Fachschulen für Sozialpädagogik in Deutschland neu geregelt. Die veränderten Ausbildungsregelungen gehen unter anderem auf die Beschlüsse der Jugendministerkonferenz 2001 in Weimar zurück. Eine sozialpädagogische Einrichtung ist somit wichtige Bildungsstätte für angehende Erzieherinnen und Erzieher.

Im Rahmen der Weiterentwicklung der ErzieherInnenausbildung haben die Bundesländer für ihre pädagogischen Einrichtungen Bildungspläne verabschiedet und als Bildungsempfehlung herausgegeben. Darin wird auch der Lernort „Praxis" als ein besonderer Lernort gewürdigt, der eine bedeutende Stellung in der Professionalisierung von angehenden Erzieherinnen und Erziehern einnimmt.

1.2.1 Bedeutung von Praktika in der ErzieherInnenausbildung

Lernort „Praxis"

Der ErzieherInnenalltag beinhaltet ständig wechselnde, neue und unvorhersehbare, nicht vollständig planbare Herausforderungen. Um dazu notwendige Einstellungen und Handlungskompetenzen zu erwerben, sind Praktika und dabei gemachte Praxiserfahrungen notwendig. Deshalb ist es wichtig, die Auszubildenden am Lernort „Praxis" auf die berufliche Praxis vorzubereiten (vgl. o. A.: Länderübergreifender Lehrplan Erzieherin/Erzieher, 2012). In diesem Sinne findet die Ausbildung in einer Dreieckskonstellation statt: Schule – Kita – PraktikantIn.

Kompetenzerwerb

Ein wichtiger Teil des Kompetenzerwerbs angehender Erzieherinnen und Erzieher in der Ausbildung geschieht durch die fachdidaktisch und fachmethodisch angeleiteten Praktika. Dort haben die Auszubildenden die Möglichkeit, in Form eines Selbstbildungsprozesses in der Schule erlerntes Wissen und Fähigkeiten zu erproben, individuelle berufliche Erfahrungen zu machen und Handlungsfähigkeiten zu entwickeln. Die Praktika geben je nach Ausbildungsphase Einblick in den Alltag von Erzieherinnen und Erziehern und ermöglichen es, einrichtungsspezifische Situationen und Bedingungen kennenzulernen. Deshalb orientieren sich die Praktikantinnen und Praktikanten, sofern es die Ausbildungsstruktur zulässt, in verschiedenen Einrichtungen und lernen dabei die unterschiedlichen institutionellen, sozialen, personellen und pädagogischen Bedingungen kennen. Dabei soll sich die Praktikantin bzw. der Praktikant auch mit Konzept, Träger, Organisation und Qualitätsmanagement auseinandersetzen.

Einblick

Selbsterprobung

Die Praktika geben den Auszubildenden die Gelegenheit, Theorie in die Praxis zu übertragen und sich selber zu erproben. Dazu sollen sie die Kinder beobachten, die Situationen erkennen und dokumentieren und sich bei der Planung zielgerichteter Aktivitäten methodisch-didaktisch erproben. So können die Praktikantinnen und Praktikanten aufgaben- und situationsbezogene, individuelle und gruppenbezogene Entwicklungsverläufe bewusst erleben, analysieren und erklären und eigenständig gestalten lernen. Dabei entwickeln sie Handlungskompetenz und lernen, ihr eigenes Tun zu reflektieren.

Beziehungsgestaltung

Praktika sollen außerdem Einblicke geben in die Beziehungsgestaltung mit Kind, Eltern und Team sowie den Einblick in die Gemeinwesenarbeit und in die Zusammenarbeit mit Kooperationspartnern ermöglichen. Die Praktika richten sich nach den Unterrichtsinhalten, welche von Schule zu Schule und Land zu Land zu unterschiedlichen Zeiten ihre Bedeutung haben können und meist in Lernfelder oder Lernmodulen zusammengestellt sind.

Nutzen von Praktika

Praktika dienen somit dazu,
- theoretisches Wissen in der Praxis zu erproben,
- erlernte Methoden, Techniken in der Praxis zu erproben,
- die anfallenden Arbeiten in einer Einrichtung kennenzulernen,
- Beobachtungen und Analysen durchzuführen, um Kenntnisse über den Entwicklungsstand von Kindern zu erhalten,
- pädagogische Angebotsgestaltung unter Berücksichtigung von Ressourcen, sozialem Umfeld, Kenntnissen, Fähigkeiten, Haltungen zu planen und durchzuführen,
- eine Balance zu entwickeln zwischen Planung, Offenheit, Spontaneität, Flexibilität und situationsorientiertem Handeln,
- eine kritische Selbstreflexion zu entwickeln.

1.2.2 Orientierungs-, Erprobungs- und Verselbstständigungspraktikum

Praktikumsphasen

Orientierungspraktikum, Erprobungspraktikum und Verselbstständigungspraktikum stellen die bedeutsamsten Bausteine der ErzieherInnenausbildung und Weiterbildung dar.

Orientierungspraktikum

Die Zeit des ersten Praktikums steht ganz im Zeichen des Kennenlernens der Spezifik von Personen, Aufgaben, Regeln, Ritualen und Rahmenbedingungen der Einrichtung. Dabei setzen Praktikantinnen und Praktikanten sich mit Einrichtung, Träger, Team, Kindern, Eltern, Konzeption, Kita, Gebäude, Leitbild, Qualitätsmanagement usw. auseinander. Sie lernen die Organisation und strukturelle Besonderheiten der Einrichtung und des Trägers kennen und erfahren ihre pädagogische Grundhaltung. Die Praktikantinnen und Praktikanten schauen, nehmen wahr, beobachten, analysieren, dokumentieren, orientieren sich und stellen unzählig viele Fragen, um in der Einrichtung anzukommen. Sie reflektieren ihre Berufswahlmotivation und tauschen sich darüber mit der Praxisanleitung aus. Mit dem Ankommen in der Einrichtung knüpfen sie Kontakte zu den Kindern und bringen sich dort, wo es für sie möglich ist, aktiv in den Alltag ein. Sie beobachten die Entwicklungsstände und Individualität der einzelnen Kinder. Sie beobachten Gruppensituationen und Gruppenprozesse. Sie üben sich im vorurteilsfreien Beschreiben des beobachteten Verhaltens der Kinder und im Bewerten des erfassten Verhaltens. Sie dokumentieren ihre Beobachtungsergebnisse und reflektieren die Beobachtungen, um später ihre Beschäftigungsangebote und ihr Handeln auf die Kinder ausrichten zu können.

Erprobungspraktikum

Die Praktikantinnen und Praktikanten haben sich nun orientiert und identifizieren sich mit ihrer Rolle als angehende Erzieherinnen und Erzieher. Sie vertiefen und erweitern ihre Kenntnisse und lernen die pädagogische Arbeit kennen und erwerben fachliche Selbstständigkeit und Sicherheit. Sie haben Sicherheit im Umgang mit Kindern und Team erworben und bauen Beziehungen zu Kindern, Team und Eltern auf. Sie vertiefen und erweitern bisher erworbene Fähigkeiten durch das sich Erproben in verschiedenen Arbeitsfeldern. Diese Zeit ist geprägt durch Mitmachen, Ausprobieren, angeleitetes Handeln sowie eigenständiges Ausüben von pädagogischen und organisatorischen Tätigkeiten in kleinen Teilbereichen. Sie erweitern ihre berufliche Handlungskompetenz und erkennen die Bedeutung der gewonnenen Analyseergebnisse als Grundlage für die Planung der Bildungs- und Erziehungsarbeit. Die Zeit wird begleitet durch intensives Beobachten, Dokumentieren und Reflektieren. Die Praktikantinnen und Praktikanten erproben sich in der zielorientierten Arbeit, in der Verbindung von Theorie und Praxis und in der Verankerung ihrer Arbeit an gemachten Beobachtungen, im Einrichtungskonzept, am pädagogischen Ansatz der Einrichtung, an den Bildungs- und Erziehungsempfehlungen. Sie erproben sich in der Partizipation, probieren unterschiedliche Arbeitsmethoden aus und setzen sich mit dem projektorientierten Arbeiten auseinander. Nach wie vor erhalten sie stets Rückmeldung und reflektieren das eigene Tun. Sie lernen aber auch, Rückmeldung zu geben und lernen Unterstützungs- und Beratungseinrichtungen und Angebote im Umfeld kennen.

Verselbstständigungspraktikum

In dieser Phase handeln die Praktikantinnen und Praktikanten in Absprache mit der anleitenden Person eigenständig. Sie holen sich nur noch dann Unterstützung, wenn sie es für notwendig halten. Diese Phase steht ganz im Zeichen von eigenständigem, verantwortungsvollem, pädagogischem und organisatorischem Handeln. Die Anleitung steht nur noch beratend an der Seite der Praktikantinnen und Praktikanten. Die Praktikantinnen und Praktikanten erfahren, dass das Konzept einer Einrichtung eine klare pädagogische Orientierung gibt und Qualitätsentwicklung auch als ein Dialog mit Fachkräften und Kooperationspartnern im Umfeld zu verstehen ist. Die Praktikantinnen und Praktikanten erleben, wie der Erziehungs-, Bildungs- und Betreuungsauftrag in Erziehungspartnerschaft realisiert wird. Die Praktikantinnen und Praktikanten sind immer mehr in der Lage, ein Projekt selbstständig zu organisieren, zu planen und zu dokumentieren. Dazu setzen sie notwendige Beobachtungsverfahren gezielt ein und beteiligen die Kinder an der Planung. Sie arbeiten mit dem Team, den Eltern und den Kooperationspartnern selbstständig zusammen. Sie führen Gespräche und protokollieren diese. Sie organisieren und planen methodisch-didaktisch unter Einbezug von Sachanalyse und pädagogischem Ansatz selbstständig ihre Vorhaben. Darüber hinaus sind sie in der Lage, Förderpläne zu erstellen und konzeptionell im Sinne der Einrichtung selbstständig zu arbeiten. Sie können ihr Handeln und ihr Praktikum kritisch reflektieren und sich neue Ziele stecken.

TIPP: Welche Aspekte und Schwerpunkte in welchem der drei Praktika im Mittelpunkt stehen, geben die entsprechenden Fachschulen für die verschiedenen Praktika vor.

So sieht es auch der länderübergreifende Lehrplan vor:

Zuständigkeit der Fachschulen

> *Für alle mit der praktischen Ausbildung zusammenhängenden Fragen ist die Fachschule/Fachakademie verantwortlich. (...) Die Anforderungen und Zielsetzungen in Bezug auf die Praktikumsphasen sind in enger Kooperation auf Grundlage des länderübergreifenden Lehrplans zwischen den Fachschulen/Fachakademien und den Praxisstellen (Anstellungsträgern) zu entwickeln.*

Quelle: o. A.: Länderübergreifender Lehrplan Erzieherin/Erzieher, 2012, S. 15

Deshalb kommt es in den unterschiedlichen Bundesländern zu ganz verschiedenen Schwerpunkten, Aufgabenstellungen und Themenschwerpunkten in den verschiedenen Blockpraktika, die auf den Abschluss der Ausbildung vorbereiten sollen.

Unterschiedliche Schwerpunkte

Darüber hinaus werden die Blockpraktika je nach Vorgabe von Schulen und/oder Land in der gleichen Einrichtung oder in verschiedenen Einrichtungen mit unterschiedlichen Schwerpunkten (z. B. sonderpädagogisch, Krippe, integrativ) absolviert. Absolvieren die Praktikantinnen und Praktikanten ihre Blockpraktika in der gleichen Einrichtung, durchlaufen sie bereits während der Schulzeit die drei wichtigen Ausbildungspraktika (Orientierungspraktikum, Erprobungspraktikum und Verselbstständigungspraktikum) und es schließt sich eine Anerkennungszeit in Form eines Projektes an. Werden die Blockpraktika auf verschiedene Einrichtungen aufgeteilt, durchlaufen die Praktikantinnen und Praktikanten in jeder neu gewählten Einrichtung die beiden ersten Phasen (Orientierungspraktikum und Erprobungspraktikum) und schließen ihre Ausbildung mit einem Anerkennungsjahr bzw. Berufspraktikum in einer neu gewählten oder bereits bewährten Einrichtung ab.

1.2.3 Berufspraktikum bzw. Anerkennungsjahr

Findung der eigenen Berufsidentität

Im Berufspraktikum bzw. Anerkennungsjahr stehen alle Schwerpunkte gleichzeitig im Fokus der Erarbeitung und Betrachtung: Orientierungspraktikum, Erprobungspraktikum und Verselbstständigungspraktikum. Das Berufspraktikum bzw. Anerkennungsjahr stellt einen Übergang zwischen Fachschulausbildung und fertig ausgelernten Erzieherinnen und Erziehern dar. Es wird deshalb sowohl von der Schule als auch von der Praxis betreut und begleitet, um Praktikantinnen und Praktikanten bei der Findung der eigenen Berufsidentität behilflich zu sein.

Schlüsselkompetenzen

Das Berufspraktikum bzw. Anerkennungsjahr dient außerdem dem Erwerb von Sicherheit und Stabilität sowie zentraler Schlüsselkompetenzen, über welche professionelle Erzieherinnen und Erzieher verfügen müssen. Zudem soll es die angehende pädagogische Fachkraft befähigen, selbstständig und verantwortungsvoll handeln zu können.

Pädagogische Handlungskompetenz

Des Weiteren dient das Berufspraktikum bzw. Anerkennungsjahr zum Erwerb pädagogischer Handlungskompetenz (siehe Kapitel 1.4.1). Diese ergibt sich aus Fach-, Methoden-, Sozial- und Selbstkompetenz. Auf diese Weise durchlaufen die Praktikantinnen und Praktikanten noch einmal in einer Einrichtung Orientierungsphase, Erprobungsphase und Verselbstständigungsphase und testen sich somit im selbstverantwortlichen beruflichen Handeln.

1.3 Grundsatzfragen für eine professionelle Begleitung von Kita-Praktika

Einrichtungen, anleitende Personen im Praktikum, aber auch die Praktikantinnen und Praktikanten selbst sollten sich einige grundsätzliche Fragen stellen und Voraussetzungen erfüllen, bevor sie sich auf ein Praktikum in einer Kita einlassen können.

1.3.1 Erwartungen an eine qualifizierte Einrichtung und Anleitung

Eine **Einrichtung** sollte sich bei der Bereitschaft, Praktikantinnen und Praktikanten betreuen zu wollen, folgende Fragen gestellt haben:

- Was qualifiziert die Einrichtung als professionelle Ausbildungsstelle für Praktikantinnen und Praktikanten?
- Ist sich die Einrichtung ihrer Verantwortung im Rahmen der Ausbildung der Praktikantinnen und Praktikanten bewusst und bereit, dementsprechend den Ausbildungsprozess bewusst zu gestalten?
- Ist die Einrichtung bereit, die Praktikantinnen und Praktikanten am eigenen Wissen teilhaben zu lassen?
- Ist die Einrichtung bereit, die Leistungen der Praktikantinnen und Praktikanten einzufordern, sie anzuerkennen, einzuschätzen und durchgängig fair zu bewerten?
- Verfügt die Einrichtung über gut ausgebildetes und stets an Fortbildungen interessiertes Personal?
- Verfügt das Team über eine hohe Sozial-, Selbst-, Fach-, Methoden- und Beratungskompetenz?
- Verfügt die Einrichtung über eine Konzeption, ein Qualitätshandbuch und/oder zusätzliche Besonderheiten?
- Was ist der Grund für die Aufnahme einer Praktikantin bzw. eines Praktikanten?
- Hat die Einrichtung genügend Personal zur Verfügung, um Praktikantinnen und Praktikanten betreuen zu können? Es ist immer zu beachten, dass Praktikantinnen und Praktikanten keine Zweitkräfte sind und nicht als Ersatz für eine Fachkraft eingesetzt werden können.
- Hat die Einrichtung genügend Raum – auch im Sinne von Spielraum – für die Betreuung der Praktikantinnen und Praktikanten zur Verfügung?
- Wer aus dem Team ist bereit, Praktikantinnen und Praktikanten zu betreuen und verfügt diese Person über entsprechende Qualifikationen sowie einen festen Vertrag und eine Vollzeitstelle?
- Stellt der Träger der zukünftigen anleitenden Person zur Betreuung der Praktikantinnen und Praktikanten Zeit zur Verfügung?
- Verfügt die Einrichtung über eine Ersatzanleitung, sofern die benannte Anleitung ausfallen sollte?
- Verfügt die Einrichtung über die notwendigen zeitlichen Rahmenbedingungen und Anrechnungsstunden, welche für die Betreuung von Praktikantinnen und Praktikanten notwendig sind?
- Ist die Einrichtung bereit, mit der Schule der Praktikantinnen und Praktikanten zusammenzuarbeiten und praktikumsvorbereitende Schultreffen und Betreuungslehrertreffen wahrzunehmen sowie an der Entwicklung des schulbezogenen Curriculums und am Bildungsprozess mitzuwirken?

- Ist die Einrichtung bereit, mit den Praktikantinnen und Praktikanten und der Schule einen individuellen Ausbildungsplan zu erstellen?
- Ist die Einrichtung und das Team bereit, sich für Neues (Ideen, Anregungen, Erfahrungen, Lerninhalte, Methoden usw.) zu öffnen?
- Versteht sich die Einrichtung als ein ständig lernendes Team?
- Ist die Einrichtung bereit, sich auf die Vorgaben der Schule und der damit verbundenen Verzahnung zwischen bereits Erlerntem und der Praxis einzulassen?
- Ist die Einrichtung in der Lage, der Schule professionelle Beurteilungen über die Leistungen im Praktikum in schriftlicher Form zu geben und sich an Prüfungen zu beteiligen?

Eine qualifizierte **Anleitung** sollte mindestens folgende Voraussetzungen erfüllen:

- Sie verfügt über eine mehrjährige Berufserfahrung und über eine hohe fachspezifische Kompetenz.
- Sie hat eine zertifizierte Fortbildung zur Praxisanleitung absolviert.
- Sie verfügt über persönliche Reife.
- Sie verfügt über soziale Kompetenz.
- Sie besucht regelmäßig Weiterbildungen.
- Sie ist bereit, einen intensiven Kontakt mit Schule und Betreuungslehrerinnen und -lehrern zu pflegen.
- Sie übernimmt gerne und freiwillig die Anleitung und stellt sich der Herausforderung, die Praktikantin bzw. den Praktikanten zu beobachten, zu coachen, zu begleiten, zu beraten und zu bewerten.
- Sie verfügt über beratende und kommunikative Kompetenzen.
- Sie verfügt über Dialogbereitschaft.
- Sie besitzt Kritikfähigkeit und Konfliktfähigkeit.
- Sie kann konzeptionell arbeiten.
- Sie ist sich des zeitlichen Aufwandes und der umfangreichen Aufgaben im Rahmen einer Praktikumsbetreuung bewusst.
- Sie ist bereit, sich mit den eigenen Haltungen und gemachten Erfahrungen im Anleitungsprozess auseinanderzusetzen.
- Sie kann Beurteilungen schriftlich fachkompetent formulieren.
- Sie hat ein klares Bewusstsein über ihre Rolle und über ihre Verantwortung als anleitende Person der Praktikantin bzw. dem Praktikanten gegenüber.

1.3.2 Erwartungen an Praktikantinnen und Praktikanten

Auch an **Praktikantinnen und Praktikanten** können einige Erwartungen gestellt werden, um ein Kita-Praktikum professionell begleiten zu können:

- Sie nehmen selbstständig Kontakt mit der Einrichtung auf und halten diesen Kontakt während der Praktikumszeit aufrecht.
- Sie haben sich vorab über die Einrichtung informiert.
- Sie zeigen Bereitschaft für eine Hospitation und Vorgespräche.
- Sie können begründen, warum sie in dieser Einrichtung arbeiten möchten.
- Sie wissen, welche Erwartungen und Anforderungen die Schule an das Praktikum und die Praktikumsstelle hat.
- Sie können eigene Ziele für das Praktikum benennen.
- Sie zeigen Neugier auf das Unbekannte.
- Sie zeigen Handlungsbereitschaft, Engagement, Eigeninitiative und Motivation im Rahmen des für sie Möglichen und Erlaubten mit gebotener Zurückhaltung.
- Sie haben ein freundliches und offenes Auftreten.
- Sie sind offen und ehrlich.
- Sie halten sich an vereinbarte Regeln.
- Sie verfügen über Kommunikationsfähigkeit und zeigen Kommunikationsbereitschaft.
- Sie zeigen Verantwortungsbewusstsein.
- Sie besitzen Fachkenntnisse über die im Unterricht vermittelten Inhalte.
- Sie zeigen Bereitschaft, sich auszuprobieren und zu experimentieren, jedoch nicht auf Kosten der Kinder.
- Sie verfügen über Kooperationsfähigkeit.
- Sie sind verlässlich.
- Sie besitzen soziale und kommunikative Kompetenzen.
- Sie verfügen über interkulturelle Kompetenz/Toleranz.
- Sie besitzen Akzeptanz im Umgang mit Kindern mit Behinderungen und Besonderheiten.
- Sie zeigen sich pünktlich und zuverlässig.
- Sie zeigen Reflexionsbereitschaft.
- Sie kleiden sich der Arbeit angemessen.

Um die passenden Kandidaten für das Praktikum zu finden, können folgende Fragen bei einem Vorstellungsgespräch hilfreich sein:

Fragestellungen für das Vorstellungsgespräch

- Stellen Sie uns bitte Ihren bisherigen Werdegang dar!
- Warum haben Sie sich gerade in dieser Einrichtung beworben?
- Was wissen Sie über diese Einrichtung?
- Über welche besonderen Fähigkeiten verfügen Sie?
- Welche Hobbys betreiben Sie, ließe sich davon eines mit dem Praktikum verbinden?
- Welche Erwartungen haben Sie an diese Praktikumsstelle?
- Wie stellen Sie sich Ihren Einsatz bei uns vor?
- In welchen Bereichen möchten Sie sich ausprobieren und erproben?
- Welche Stärken haben Sie im Umgang mit anderen Menschen?
- Welche Anforderungen stellt die Schule Ihnen in diesem Praktikum?
- Wie sieht die Anleitung vonseiten der Schule aus?

1.3.3 Erwartungen an die Lernortkooperation: Schule – Praxis

Die Zusammenarbeit zwischen den Berufsfachschulen und der Einrichtung, in der ein Praktikum im Rahmen der ErzieherInnenausbildung absolviert wird, beinhaltet einige Aspekte, die von beiden Seiten beachtet werden sollten:

- Beide öffnen sich einander und sind bereit, miteinander zu kooperieren, um so die Qualität der Ausbildung zu verbessern.
- Beide sorgen für ein vernetztes und transparentes Arbeiten miteinander.
- Beide benennen Akteure, die sich bereit erklären, in einem Lernortkooperationsteam (Arbeitsgemeinschaft von Lehrerinnen und Lehrern sowie Anleiterinnen und Anleitern zur Optimierung des Praktikums) mitzuwirken.
- Beide sorgen in Absprache miteinander dafür, dass Lerninhalte und Kompetenzen, die in der Schule vermittelt werden, in engem Zusammenhang mit den darauffolgenden Praktika stehen. Die Einrichtung greift auf die in der Schule erworbenen Kenntnisse zurück, sodass sie in konkreten Handlungssituationen in der Praxis erprobt werden können.
- Beide entwickeln miteinander für die Ausbildung relevante Inhalte, Themen, Ziele und Evaluationsbögen.
- Beide klären miteinander lernortübergreifend auftretende Ausbildungsfragen.
- Beide sind bereit, miteinander einen Ausbildungsplan zu erstellen.
- Beide sind bereit, sich regelmäßig über die Leistungen der ihnen anvertrauten Schüler auszutauschen.
- Die Schule berücksichtigt bei der Notengebung die Leistungen in der Praxis.
- Die Schule beteiligt Personen aus der Praxis an Prüfungen.
- Beide legen Beurteilungskriterien für die unterschiedlichen Phasen der Ausbildung fest.

1.4 Ausbildungsplan für das Anerkennungsjahr: Lerninhalte des Praktikums

Praktika sollen mit steigendem Anspruch Theorie und Praxis miteinander verbinden und aus den Auszubildenden eine verantwortungsbewusste Erzieherpersönlichkeit reifen lassen. Dabei spielt es keine Rolle, ob die Praktika geblockt sind, die Auszubildenden sich orientieren oder erproben sollen: Der Anspruch der Lerninhalte steigt mit der Ausbildungszeit.

Arbeitsaufträge der Schule

Die Praktika sind jedoch meist verbunden mit Arbeitsaufträgen der Schule, welche später in einer Art Praktikumsbericht – später im Berufspraktikum auch Projektbericht (siehe Kapitel 3) – verschriftlicht werden müssen. Welche Inhalte diese Praktikumsberichte in den einzelnen Praktika haben, hängt davon ab, wie die Arbeitsaufträge der Schulen für die einzelnen Praktika lauten. Was in den Praktika gelernt und wie Theorie und Praxis miteinander verwoben und durchdacht wurden, wird in der Abschlussdokumentation deutlich.

TIPP: Die Abschlussdokumentation besteht in der selbstständigen Durchführung eines Projektes und dokumentiert die professionelle Organisation, methodisch-didaktische Planung, die professionelle Vorbereitung, Durchführung und Reflexion.

Länderübergreifender Lehrplan

Die Anforderungen und Zielsetzungen sind – bezugnehmend auf die Praktikumsphasen – in enger Kooperation auf der Grundlage des länderübergreifenden Lehrplans zwischen Fachschulen, Fachakademien und den Praxisstellen zu entwickeln. Daher sollten Gremien aus Fachschulen, Kitas oder Trägern der Einrichtungen gebildet werden, welche die Inhalte für die Praktika in Handreichungen oder Rahmenplänen zur berufspraktischen Ausbildung erarbeiten. Die Praxisanleitung spielt dabei eine wichtige Rolle (siehe Kapitel 1.4.3).

Regelmäßige Treffen

Darüber hinaus laden viele Schulen zu regelmäßigen Treffen der PraxisanleiterInnen und BetreuungslehrerInnen ein. Sie dienen dazu, sich gemeinsam auf sich ändernde Inhalte und Prozesse des Unterrichts und des Praxisalltags abzustimmen und darüber zu informieren.

1.4.1 Erwerb von sozialpädagogischer Handlungskompetenz im Kita-Praktikum

Die Anforderungen und Zielsetzungen orientieren sich an der Handlungskompetenz, über welche angehende Erzieherinnen und Erzieher verfügen müssen.

Definition

Handlungskompetenz wird verstanden als die Bereitschaft und Befähigung des Einzelnen, sich in beruflichen, gesellschaftlichen und privaten Situationen sachgerecht durchdacht sowie individuell und sozial verantwortlich zu verhalten.

Quelle: KMK: Handreichung für die Erarbeitung von Rahmenlehrplänen, 2011, S. 14

Kompetenzen beschreiben, worin angehende Erzieherinnen und Erzieher befähigt werden sollen. Dabei geht es bei den Lerninhalten um den Erwerb von sozialpädagogischer Handlungskompetenz durch die Erweiterung von Fachkompetenz, Methodenkompetenz, Selbstkompetenz und Sozialkompetenz.

Dabei werden die vier Kompetenzen wie folgt definiert:

Fachkompetenz: Bereitschaft und Fähigkeit, auf der Grundlage fachlichen Wissens und Könnens Aufgaben und Probleme zielorientiert, sachgerecht, methodengeleitet und selbstständig zu lösen und das Ergebnis zu beurteilen.

Methodenkompetenz: Bereitschaft und Fähigkeit zu zielgerichtetem, planmäßigem Vorgehen bei der Bearbeitung von Aufgaben und Problemen (zum Beispiel bei der Planung der Arbeitsschritte).

Selbstkompetenz: Bereitschaft und Fähigkeit, als individuelle Persönlichkeit die Entwicklungschancen, Anforderungen und Einschränkungen in Familie, Beruf und öffentlichem Leben zu klären, zu durchdenken und zu beurteilen, eigene Begabungen zu entfalten sowie Lebenspläne zu fassen und fortzuentwickeln. Sie umfasst Eigenschaften wie Selbstständigkeit, Kritikfähigkeit, Selbstvertrauen, Zuverlässigkeit, Verantwortungs- und Pflichtbewusstsein. Zu ihr gehören insbesondere auch die Entwicklung durchdachter Wertvorstellungen und die selbstbestimmte Bindung an Werte.

Sozialkompetenz: Bereitschaft und Fähigkeit, soziale Beziehungen zu leben und zu gestalten, Zuwendungen und Spannungen zu erfassen und zu verstehen sowie sich mit anderen rational und verantwortungsbewusst auseinanderzusetzen und zu verständigen. Hierzu gehört insbesondere auch die Entwicklung sozialer Verantwortung und Solidarität.

Quelle: KMK: Handreichung für die Erarbeitung von Rahmenlehrplänen, 2011, S. 15–16

Fachkompetenz

↓

Pädagogische Interaktionsprozesse

↓

- Persönliches Auftreten gegenüber den zu Betreuenden
- Wahrnehmen und Eingehen auf die Bedürfnisse der zu Betreuenden
- Berücksichtigung der Rahmenbedingungen
- Planung von Aktivitäten
- Professionalität

Methodenkompetenz

↓

Pädagogisches Handeln

↓

- Beobachtung
- Beziehungsgestaltung

Selbstkompetenz

Eigeninitiative und Selbstständigkeit

- Eigenverantwortung
- Zuverlässigkeit

Verantwortungsfähigkeit

- Arbeiten, entscheiden, lernen
- Einsatz und Ausdauer

Sozialkompetenz

Kommunikationsfähigkeit

- Ausdrucksfähigkeit
- Gesprächsverhalten

Verantwortungsfähigkeit

- Respektieren der Meinung anderer
- Kontaktverhalten ggü. den zu Betreuenden
- Kontaktverhalten zu anderen Personengruppen

Leistungsbereiche als Orientierungshilfe

Daraus ergeben sich zahlreiche Kompetenzen, welche in der Praxis erprobt, vertieft oder erlernt werden sollen. Nachfolgende Leistungsbereiche können dabei zusammengefasst werden. Aus diesen lassen sich wiederum zu erwerbende Kompetenzen der Praktikantinnen und Praktikanten im Rahmen einer Praxisanleitung ableiten.

- Rahmenbedingungen der Einrichtung kennenlernen
- Entwicklung beruflicher Identität
- Ausprägung persönlicher Verantwortung für Bildungs- und Erziehungsarbeit
- Fähigkeit zur pädagogischen Beziehungsgestaltung: Kinder in ihrer Lebenswelt verstehen und Beziehungen zu ihnen aufbauen
- Betreuung
- Gruppenpädagogisch handeln lernen
- Gestaltung des Alltags übernehmen
- Konzeptionsarbeit
- Erziehung professionell praktizieren
- Entwicklung und Bildungsprozesse unterstützen und fördern
- Beobachten, analysieren und dokumentieren
- Fähigkeit zur Erziehungspartnerschaft mit Familien und anderen Beteiligten
- Kooperation im Team
- Verwaltung und Organisation
- Öffentlichkeitsarbeit
- Arbeiten in sozialen Netzwerken

Quelle: Eigene Zusammenstellung bedeutsamer Leistungsbereiche aus verschiedenen Handreichungen (vgl. Handreichungen im Literaturverzeichnis)

Sofern vonseiten des Bundeslands oder der Schule, der Einrichtung oder des Trägers noch keine Orientierungshilfe zur Anleitung von Praktikantinnen und Praktikanten vorliegt, gibt die nachfolgende Auflistung einen Überblick, welche Kompetenzen in den verschiedenen Leistungsbereichen berücksichtigt werden sollen, damit die notwendige Handlungskompetenz erworben werden kann. Darüber hinaus wird hier veranschaulicht, an welcher Stelle die Kompetenzen in den Lernfeldern des länderübergreifenden Lehrplans verankert sind.

1.4.2 Leistungsbereiche und dazugehörige Kompetenzen

Auf Basis vieler verschiedener Handreichungen, die von Einrichtungen der Bundesländer, Schulen oder Trägern zu diesem Thema erstellt wurden, stellt die nachfolgende Übersicht einen Versuch dar, die bedeutsamsten Leistungsbereiche mit den dazugehörigen Kompetenzen zusammenzufassen und sie den unterschiedlichen Praktikumsphasen (siehe Kapitel 2.2) zuzuordnen.

Die in nachfolgender Tabelle aufgelisteten Kompetenzen stehen gleichberechtigt nebeneinander und nicht in einer bestimmten Reihenfolge nacheinander. Sie können in verschiedenen Praktikumsphasen eingefordert werden. Sie sind in den Praktikumsphasen einzuübende Teilaspekte des Berufspraktikums bzw. Anerkennungsjahres und stellen notwendige Inhalte der Abschlussarbeit im Rahmen des Berufspraktikums bzw. Anerkennungsjahrs dar.

Legende zur Erklärung der verwendeten Kürzel und Zahlen

Phase

O Orientierungsphase/Orientierungspraktikum
E Erprobungsphase/Erprobungspraktikum
V Verselbstständigungsphase/Verselbstständigungspraktikum

Lernbereich

1 Berufliche Identität und professionelle Perspektiven entwickeln: 160–200 Stunden
2 Pädagogische Beziehungen gestalten und mit Gruppen pädagogisch arbeiten: 240–280 Stunden
3 Lebenswelten und Diversitäten wahrnehmen, verstehen und Inklusion fördern: 240–280 Stunden
4 Sozialpädagogische Bildungsarbeit in den Bildungsbereichen professionell gestalten: 600–680 Stunden
5 Erziehungs- und Bildungspartnerschaft mit Eltern und Bezugspersonen gestalten sowie Übergänge unterstützen: 160–200 Stunden
6 Institution und Team entwickeln sowie in Netzwerken kooperieren: 160–200 Stunden

Leistungsbereiche und dazugehörige Kompetenzen	Praktikumsphase/Lernbereich
Rahmenbedingungen der Einrichtung kennenlernen	
Räume, Freigelände, Materialien und ihre Funktionen kennenlernen	O/6
Geräte, Medien und Literatur der Einrichtung kennenlernen	O/6
Leitung, pädagogische Mitarbeiter, sonstige Mitarbeiter, andere Praktikantinnen und Praktikanten kennenlernen	O/6
Vertraut werden mit der pädagogischen Arbeit in der Einrichtung, den pädagogischen Ansatz, Ziele und Methoden kennenlernen	O/4
Konzeption kennenlernen	O/6
Leitbild kennenlernen	O/6
Qualitätsmanagement kennenlernen	O/6
Informationen sammeln, Träger kennenlernen	O/6
Vertraut werden mit den verschiedenen Unterweisungen: Datenschutz, Schweigepflicht, Hygieneverordnung, Brandschutzverordnung, Infektionsschutzgesetz, Biostoffverordnung	O/6
Sich mit der kulturellen, religiösen und sozialen Vielfalt auseinandersetzen	O/3
Vertraut werden mit bestehenden Regeln, Dienstanweisungen, Abläufen, Dienstplänen, Bring- und Abholzeiten, Tagesstruktur und Abläufen	O/6

Leistungsbereiche und dazugehörige Kompetenzen	Praktikumsphase/Lernbereich
Entwicklung beruflicher Identität	
Offen sein für neue Kontakte mit Kindern, Mitarbeiter und Eltern durch persönliches Vorstellen	O/1
Neue Aufgaben annehmen und sich kontinuierlich zutrauen	O/E/V/1
Lernen, das eigene Verhalten und Handeln realistisch einzuschätzen	E/V/1
Lernen, eigene pädagogische Vorstellungen gegenüber Eltern und Trägern zu vertreten	V/1
Lernen, sich selbst kritisch zu hinterfragen und eigene Stärken, Ressourcen und Schwächen zu erkennen	E/V/1
Mit der Praxisanleitung Beobachtungen reflektieren und mit anderen Kolleginnen und Kollegen Erfahrungen und Meinungen austauschen	E/V/1
Mit der Praxisanleitung berufspraktische Erfahrungen reflektieren und auswerten	E/V/1
Sich der persönlichen und fachlichen Entwicklung während des Praktikums bewusst werden	E/V/1
Berufschancen einschätzen und die Erwartung an eine eigene künftige Berufstätigkeit klären	E/V/1
Sich mit Selbst- und Fremdwahrnehmung auseinandersetzen	E/V/1
Sich mit Nähe und Distanz auseinandersetzen; Nähe akzeptieren und professionelle Distanz wahren	E/V/1
Sich mit dem eigenen verbalen und nonverbalen Handeln in erlebten Situationen des Alltags auseinandersetzen	E/V/1
Sich der eigenen Vorbildfunktion bewusst sein und dementsprechend handeln	E/V/1
Sich mit Werten und Normen auseinandersetzen	E/V/1
Psychosoziale Gefährdung am Arbeitsplatz erkennen und Möglichkeiten der „Psychohygiene“ nutzen	V/1
Ausprägung persönlicher Verantwortung für Erziehungs- und Bildungsarbeit	
Pädagogische Einzelaktivitäten verantwortungsvoll planen und durchführen und Aufsicht führen	E/4
Bestimmte Vorhaben planen und durchführen	E/V/4
Projekte unter dem Aspekt von Ganzheitlichkeit durchführen	E/4
Verantwortungsbewussten Umgang mit den Kindern einüben und praktizieren	O/E/V/4

Leistungsbereiche und dazugehörige Kompetenzen	Praktikumsphase/Lernbereich
Fähigkeit zur pädagogischen Beziehungsgestaltung: Kinder in ihrer Lebenswelt verstehen und Beziehungen zu ihnen aufbauen	
Üben von Interaktionen und Kommunikation mit Kindern und Jugendlichen in der gesamten Gruppe und in Kleingruppen	O/E/2
An der täglichen Arbeit in der Gruppe aktiv teilnehmen, Besonderheiten des Gruppengeschehens wahrnehmen, sich in die Gruppenarbeit einleben und aktiv teilnehmen	E/V/2
Eingewöhnung von Kindern	E/2
Betreuung	
Gezielte Hilfe in Einzelfällen gewähren	E/V/3
Verhalten bei Unfällen	O/3
Aufgaben im pflegerischen Bereich kennenlernen	O/3
Pflegerische Arbeiten nach und nach übernehmen	E/3
Kinder bei Bedarf trösten und Hilfestellung geben bei Handlungsabläufen und Tätigkeiten, bei denen einzelne Kinder noch Schwierigkeiten haben	O/E/V/3
Bei Verletzungen reagieren und helfende Maßnahmen ergreifen	E/3
Sich beim Erstellen von Berichten und Erziehungsplänen beteiligen	V/3
Erkrankungen und Notfallsituationen richtig einordnen	E/3
Integrative Arbeit umsetzen	E/V/3
Gruppenpädagogisch handeln lernen	
Selber zu einem Teil der Gruppe werden, Gruppenmitglieder kennenlernen und zu einzelnen Gruppenmitgliedern Kontakt aufbauen, personale Beziehung zu Gruppenmitgliedern aufbauen	O/E/2
Gruppenstrukturen analysieren, Einzelfälle beobachten	E/2
Gruppensituationen beobachten und beschreiben	E/2
Gruppenprozesse deuten	E/2
Gruppenprozesse erfassen und beschreiben	E/2
Kleingruppen mit Hilfestellung führen und anleiten	O/2
Mit Kleingruppen selbstständig arbeiten	E/2
Für Vorhaben in Gruppen die alleinige Verantwortung übernehmen	E/V/2

Leistungsbereiche und dazugehörige Kompetenzen	Praktikumsphase/Lernbereich
Gestaltung des Alltags übernehmen	
Sicheres Handeln durch angeleitetes Tun erwerben	E/4
Pädagogische Angebote aus gemachten Beobachtungen entwickeln	E/V/4
Die eigene Arbeit auf der Grundlage von Selbst- und Zeitmanagement strukturieren und organisieren	E/V/4
Tagesablauf in der Einrichtung kennen, sich mit Arbeitsabläufen der Einrichtung auseinandersetzen und Routineaufgaben übernehmen	O/6
Sich mit dem Freispiel auseinandersetzen	E/4
Sich mit dem gelenkten Spiel auseinandersetzen	E/4
Ausübung hauswirtschaftlicher und pflegerischer Dienste	E/V/6
Selbstständiges und eigenverantwortliches Handeln in allen Tätigkeitsfeldern	V/4
Aktivitäten an Rahmensituationen (Themen, Jahreszeit, Festen usw.) orientiert gestalten	E/V/4
Räume für die Arbeit mit den Kindern zielgerichtet ausgestalten und vorbereiten	E/V/4
Fähigkeiten, konzeptionell zu arbeiten	
Das pädagogische Konzept kennenlernen und erfassen	O/E/4
Die Alltagsgestaltung an der Konzeption und den Qualitätsstandards der Einrichtung orientieren	E/V/4
Erkundung der Konzeptionsentwicklung	O/6
An konzeptionellen Fragen mitarbeiten	E/V/6
Erziehungsarbeit professionell praktizieren	
Aktivitäten zur selbstständigen Lebensgestaltung durchführen	E/V/4
Kinderkonferenzen als eine Form der Mitbestimmung der Kinder kennenlernen und den Kindern Partizipation ermöglichen	E/V/4
Anregen zum bewussten Umgang mit Umwelt, Natur, Gesundheit, Gefühlen, Ernährung	E/V/4
Schwierige Erziehungssituationen bewältigen und reflektieren lernen	E/V/4
Grenzen setzen lernen	O/E/1
Erfahrungen in Nestgruppen bis Regelgruppen sammeln	O/E/V/3

Leistungsbereiche und dazugehörige Kompetenzen	Praktikumsphase/Lernbereich
Entwicklung und Bildungsprozesse unterstützen und fördern	
Förderbedarf der Kinder ermitteln	E/V/4
Kinder in ihrer Entwicklung durch verschiedene Aktivitäten fördern	E/V/4
Mit Sachthemen auseinandersetzen und didaktisch reduzieren	E/V/4
Sich auf Aktivitäten inhaltlich und sachgemäß vorbereiten	E/V/4
Kinder beobachten, ihre Bedürfnisse erkennen und Handlungsmöglichkeiten entwickeln	O/E/4
Den Kindern Partizipation ermöglichen	E/V/4
Kinder an unterschiedliche Themen durch verschiedene Aktivitäten heranführen (Musik, Natur, Bewegung, Naturwissenschaft, Kunst, Kulturen, Religionen usw.)	E/V/4
Bewegungsfähigkeiten durch Aktivitäten fördern	E/V/4
Sprachfähigkeit durch Aktivitäten anregen	E/V/4
Das Innen- und Außengelände zu verschiedenen Aktivitäten nutzen	E/V/4
Kompetenz und zielorientiert Aktivitäten auswählen, planen und durchführen	E/V/4
Beobachten, analysieren und dokumentieren	
Beobachtungsprotokolle erstellen	O/3
Situationsanalysen durchführen, pädagogische Angebote aus der Situationsanalyse erstellen	E/V/3
Bildungs- und Lerndokumentationen schreiben lernen	E/V/3
Kennenlernen und nutzen von Analyseverfahren, Beobachtungs- und Dokumentationsbögen der Einrichtung	E/V/3
Einblick nehmen in Dokumentations- und Portfoliomappen	O/E/3
Sich über Stärken, Schwächen und besondere Bedürfnisse der Kinder kontinuierlich bewusst werden	E/V/3
Entwicklungszustand einzelner Kinder sowie ihre Probleme und ihre soziale Situation wahrnehmen	
Einblick nehmen in die Dokumentation von Entwicklungsprozessen	O/E/V/3
Einblick nehmen in Portfolios und sich damit auseinandersetzen	O/E/V/3
Entwicklungsstand des Kindes erkennen und Möglichkeiten des Handelns entwickeln	O/E/V/3

Leistungsbereiche und dazugehörige Kompetenzen	Praktikumsphase/Lernbereich
Sich mit der Lebenswelt, der Lebenssituation und der sozialen Situation der Kinder auseinandersetzen	O/E/V/3
Fähigkeit zur Erziehungspartnerschaft mit Familien und anderen Beteiligten	
Sich bei den Eltern vorstellen und die Eltern kennenlernen	O/5
An Elternabenden und Hausbesuchen teilnehmen	E/V/5
Sich an der Gestaltung von Elternarbeit (Teilnahme an Elternaktivitäten oder Elternnachmittagen) beteiligen	E/V/5
An Elterngesprächen teilnehmen	E/V/5
Elterngespräche vorbereiten und durchführen	V/5
Elternabende planen und durchführen	E/5
Eigenverantwortliche Zusammenarbeit mit den Eltern zeigen und Kontakt zu ihnen aufnehmen (Tür-und-Angel-Gespräche)	O/E/V/5
Fähigkeit zur Kooperation im Team	
Selbstständig dem Team vorstellen und einander kennenlernen	O/6
An Dienstbesprechungen und Teamsitzungen teilnehmen	O/E/V/6
Strukturen der Teamarbeit kennenlernen	E/V/6
Kommunikation im Team kennenlernen	E/V/6
Lernt sich mit eigenen Ideen im Team einzubringen	E/V/1
Unterstützung der Teamarbeit und der Teamaufgaben	O/E/V/6
Verwaltung und Organisation	
Verwaltungsaufgaben erfassen und rechtliche, konzeptionelle und organisatorische Bedingungen berücksichtigen	V/6
Verwaltungsaufgaben übernehmen (Anwesenheitsliste, Essenslisten, Schriftverkehr usw.)	E/V/6
Kennenlernen unterschiedlicher Aufgabenbereiche und Ausübung verschiedener Dienste	O/6
Fähigkeit zur Gestaltung betriebswirtschaftlicher Abläufe in sozialpädagogischen Einrichtungen entwickeln	E/V/6
Sich mit festgelegten Aufgaben an der Vorbereitung von Festen, Feiern, Teamsitzungen und Ausflügen beteiligen	E/V/6
Mit rechtlichen Grundlagen auseinandersetzen	E/V/6
Sich mit Träger, Verwaltung und Finanzierung auseinandersetzen	E/V/6

Leistungsbereiche und dazugehörige Kompetenzen	Praktikumsphase/Lernbereich
Neuanschaffungen von Literatur, Spielmaterial usw. vorschlagen	E/V/6
Kostenplanungen für Einrichtungsaktivitäten entwickeln und Überlegungen zur Beschaffung finanzieller Ressourcen anstellen	E/V/6
Instrumente der Qualitätsentwicklung anwenden	O/E/V/6
Sie beteiligen am Erstellen von Berichten und Dokumentationen	E/V/3
Öffentlichkeitsarbeit	
Sich darüber Wissen aneignen, was Öffentlichkeitsarbeit für eine Einrichtung bedeutet	E/V/6
Entwicklung von Ideen zu Kooperationen im Gemeinwesen entwickeln und Kooperationen anregen	E/V/6
Mit Kooperationspartnern Kontakt aufnehmen und nachhaltige Verbindungen knüpfen	E/V/6
Die Einrichtung in der Öffentlichkeit vertreten	E/V/6
Formen der Öffentlichkeitsarbeit und Gemeinwesenarbeit praktizieren	E/V/6
Kooperation mit sozialen Netzwerken	
An Kontakten mit Schulen und anderen Institutionen teilnehmen	O/E/V/5
Kennenlernen von mit der Einrichtung kooperierenden Diensten und Partnern	O/E/V/6
An Kontakten mit anderen Institutionen teilnehmen	O/E/V/6
Dienliche soziale Netzwerke in der Umgebung der Einrichtung kennen und nutzen	E/V/6
Sich der Bedeutung eines Kooperationspartners für die Einrichtung bewusst werden	E/6

1.4.3 Den Ausbildungsplan erstellen

Erarbeitung

Die in Abschnitt 1.4.2 vorgestellten Leistungsbereiche bieten zur Erarbeitung des Ausbildungsplans zahlreiche Inhalte, welche in den verschiedenen Praktika unter bestimmten Kompetenzen abgedeckt werden sollen. Der Überblick stellt einen Versuch dar, die bedeutsamsten Leistungsbereiche mit den dazugehörigen Kompetenzen zusammenzufassen und sie den unterschiedlichen Praktikumsphasen zuzuordnen. Die Zuordnung zu den Leistungsbereichen und Kompetenzen, die in Abschnitt 1.4.2 vorgenommen wurde, ist jedoch nur eine Empfehlung. Wann welche Kompetenz erworben werden kann, obliegt häufig den unterschiedlichen Einrichtungen. So können die Kompetenzen je nach Praxisalltag im Praktikum in anderen Phasen (siehe auch Kapitel 2.2) erworben bzw. von der Schule zur Erprobung vorgegeben werden. Deshalb ist es für jedes Praktikum sinnvoll, sich anhand der Vorlage gemeinsam mit den Praktikantinnen und Praktikanten einen individuellen Ausbildungsplan zu erstellen und ihn mit praktischen Tätigkeiten aus dem Praxisalltag zu füllen. Gleichzeitig sollten darin auch Gesprächstermine, z.B. regelmäßige Reflexionsgespräche, Lehrerbesuche usw., ihren Niederschlag finden.

TIPP: Zur Erstellung eines individuellen Ausbildungsplans kann die Vorlage „Ausbildungsplan Praktikumsinhalte" auf S. 78 behilflich sein.

Orientierungshilfe und Reflexionsinstrument

Der Ausbildungsplan dient Praktikantinnen und Praktikanten im Rahmen der praktischen Ausbildung als Planungs- und Orientierungshilfe (Wann wird was wozu gemacht?). Der Praxisanleitung dient er beim Praktikumsbesuch (siehe Kapitel 2.3.1) als Reflexionsinstrument, um neue Zielvereinbarungen und Planungsschritte formulieren zu können.

Deshalb wird der Ausbildungsplan nur ein vorläufiger Plan sein, der stets überarbeitet werden muss, um immer wieder Aufschluss darüber geben zu können, welche Inhalte wann geplant sind, welche Inhalte bereits erfolgreich erprobt wurden, was nochmals intensiviert werden müsste und was zukünftig an Arbeit noch ansteht.

2 Professionelle Praktikumsanleitung

2.1 Rollen und Aufgaben der Anleitung

Rollen

Die professionelle Anleitung spielt bei der Entwicklung der beruflichen Identität angehender Erzieherinnen und Erzieher eine bedeutsame Rolle. Das, was die Auszubildenden in der Schule gelernt haben, soll nun in der Praxis erprobt werden. Die Anleitung stellt in der Begleitung des Praktikums ein wichtiges Verbindungsglied zwischen Schule und Einrichtung dar. Sie hilft Praktikantinnen und Praktikanten, ihr Theoriewissen mit dem erzieherischen Handeln zu verknüpfen. Dabei nimmt die Anleitung unterschiedliche Rollen ein.

Vermittlung von Handlungskompetenz

In diesen Rollen haben anleitende Personen die Aufgabe, Praktikantinnen und Praktikanten Handlungskompetenz zu vermitteln. Dazu muss die Anleitung den Ausbildungsprozess bewusst gestalten und den Lernprozess im Praktikum steuern. Sie muss motivieren und herausfordern. Sie muss sich Zeit nehmen, Fragen zu stellen und sie zu beantworten. Sie muss ihr Wissen an die Praktikantinnen und Praktikanten weitergeben, ohne eigene Erfahrungen vorwegzunehmen. Sie muss Leistungen von Praktikantinnen und Praktikanten einfordern und reflektieren, kritisieren und anerkennen. Sie muss fördern und fordern. Sie muss die Praktikantinnen und Praktikanten beraten und begleiten und ihre Leistung bewerten.

Schnittstelle zwischen Schule und Praxis

Somit steht die Praxisanleitung an der entscheidenden Schnittstelle zwischen Schule und Praxis. Aus diesem Grund muss eine Anleitung bereits über pädagogische Erfahrung verfügen und laut des länderübergreifenden Lehrplans über mindestens zwei Jahre Berufserfahrung verfügen und bereit sein, sich für die Rolle der Praxisanleitung weiterzuentwickeln. Deshalb legen die Fachakademien und Fachschulen großen Wert darauf, AnleiterInnen durch Weiterbildungen zu qualifizieren.

Beispiel: In Rheinland-Pfalz gibt es festgelegte Voraussetzungen für die Personen, die mit der Praxisanleitung betraut werden. Es wurde beispielsweise eine trägerübergreifende Rahmenvereinbarung zur Praxisanleitung getroffen. So ist unter anderem seit dem 1. August 2009 die Zusatzqualifikation „Praxisanleitung" verbindliche Voraussetzung, um angehende Erzieherinnen und Erzieher ausbilden zu können. Diese AnleiterInnen verfügen über einen sogenannten Anleiterschein, der sie bevollmächtigt, anleiten zu dürfen.

Aufgabenüberblick

- Teameinbindung, Gruppeneinbindung, Vertrauen aufbauen
- Rahmenbedingungen klären und erklären
- Hineinversetzen in die Perspektive der Praktikantinnen und Praktikanten
- Rechtliche Rahmenbedingungen in der Zusammenarbeit mit Praktikantinnen und Praktikanten kennen
- Transparentes Anleiten, Begleiten, Coaching
- Unterstützen und Begleitung bei der Entwicklung von Berufsidentität
- Heranführen an die Abläufe in der Einrichtung
- Unterstützung und Begleitung bei der Erstellung eines individuellen Ausbildungsplanes
- Konzeption vorstellen
- Wöchentliche feste Reflexionszeiten einbauen
- Unterstützung bei der Herausbildung von Wertschätzung, Selbstbewusstsein und Selbstvertrauen
- Wöchentliche Vorbereitungszeit zur Verfügung stellen
- Gegenseitige Erwartungen abklären
- Methodisch-didaktische Begleitung pädagogischer Angebote
- Zusammenhänge zwischen Theorie und Praxis klären
- Steuerung des Lernprozesses
- Entdeckung von Fähigkeiten, Stärken und Neigungen in der pädagogischen Arbeit
- Offenlegung der eigenen Bewertungskriterien und Bewertungsbereiche
- Aktive Einbindung der Praktikantinnen und Praktikanten in den Alltag
- Zwischenreflexionen praktizieren
- Konstruktiv diskutieren
- Auswirkungen von Handeln, Vorgehen und Verhalten reflektieren
- Erweiterungen der beruflichen Kompetenz
- Einhaltung der Ziele kontrollieren, realistisches Feedback geben
- Zwischenbewertungen durchführen
- Festlegung neuer Ziele/Entwicklungsziele
- Vorbereitung der praktischen Erprobung in verschiedenen Aufgabenbereichen und dazu Rückmeldung geben

- Schaffung von Erfahrungsräumen (Zusammenarbeit mit der Öffentlichkeitsarbeit)
- Bewerten
- Verabredung von Zuständigkeiten
- Die eigene Planung transparent machen
- Vorbildlich handeln
- Mut zur Selbstreflexion haben und offen für Neues sein
- Veränderungen zulassen
- Praktikantinnen und Praktikanten motivieren und sie bei der Entwicklung ihrer beruflichen Identität unterstützen
- Aufgabenbereiche abgeben
- Rückmeldungen und Reflexion zur Entwicklung von Fähigkeiten auch im Hinblick auf Selbst- und Fremdwahrnehmung
- Rückmeldung und Reflexion zu den gestellten Aufgaben
- Pädagogische Begründungen für das Handeln von Praktikantinnen und Praktikanten einfordern
- Bewertung der Praktikumsleistung gemeinsam mit den Praktikantinnen und Praktikanten besprechen und verschriftlichen
- Betreuung der Praktikums- und Projektberichte

2.2 Professionelle Betreuung während eines Praktikums

Ganz gleich, ob es sich um geblockte Einzelpraktika handelt, welche als Sequenzen in die schulische Ausbildung integriert sind, oder es sich um das Anerkennungsjahr bzw. Blockpraktikum handelt, die Praktika werden unterteilt in:

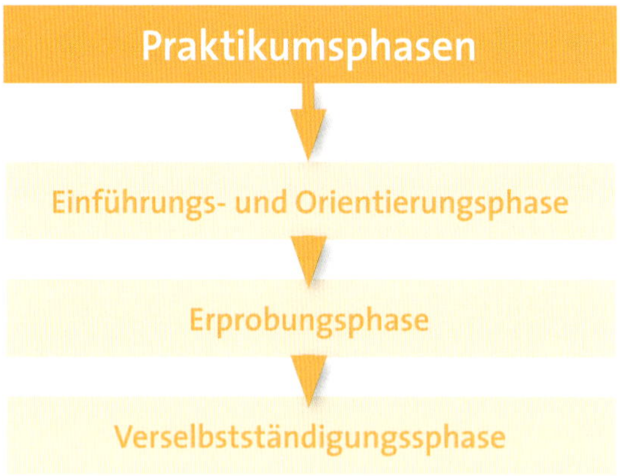

Berufspraktikum und Anerkennungsjahr

Zwar beinhaltet jedes Praktikum zum einen diese Phasen, doch sind sie in einem kurzen Praktikum von vier bis sechs Wochen nicht gleichzusetzen mit den Inhalten im Rahmen des Berufspraktikums bzw. Anerkennungsjahres. Dennoch bauen die Praktika, welche in die Schulzeit integriert sind, inhaltlich ebenso aufeinander auf, sodass das erste Praktikum stellvertretend für die Erprobungsphase und das letzte Praktikum für die Verselbstständigungsphase steht. Darüber hinaus durchlaufen Berufs- und Anerkennungspraktikantinnen und -praktikanten in Folge alle drei Phasen. Im Rahmen des Berufspraktikums bzw. im Anerkennungsjahr stehen die drei Praktikumsphasen unter besonderer inhaltlicher Beachtung.

Merke! In einigen Bundesländern gibt es das Anerkennungsjahr nicht mehr. Stattdessen spricht man dort vom Berufspraktikum. Je nach Bundesland wird die eine oder die andere Bezeichnung genutzt. Es handelt sich jedoch in beiden Fällen um den prüfungsrelevanten praktischen Teil der ErzieherInnenausbildung, in dessen Rahmen eine Facharbeit zu einem pädagogisch-methodischen Thema geschrieben werden muss, in welche die eigenen Erfahrungen einfließen und in der das professionelle Arbeiten in der Praxis zu belegen ist.

Im Folgenden werden die einzelnen Phasen eines jeden Praktikums genauer erläutert. Vorab jedoch einige Hinweise zum ersten Tag in der Einrichtung, in der das Praktikum stattfindet. Sie sollen helfen, dass der Einstieg in ein professionell begleitetes Praktikum gelingt.

2.2.1 Der erste Tag in der Einrichtung

Die ersten Tage in einer neuen Einrichtung, ganz gleich in welcher Phase, sind sowohl für die Praktikantinnen und Praktikanten als auch für die Anleitung besondere und sensible Tage. Deshalb gilt es für anleitende Personen, verschiedene Dinge zu beachten:

- Sie stehen Praktikantinnen und Praktikanten für ihre Fragen zu Verfügung.
- Sie sorgen für Vertretung ihrer Rolle, falls sie gerade in den ersten Tagen nicht zur Verfügung stehen können.
- Sie informieren die Praktikantinnen und Praktikanten über das, was sie dürfen und auch über das, was sie nicht dürfen (z. B. Elterngespräche führen, Eltern duzen, über andere Elternteile oder Kolleginnen und Kollegen in Abwesenheit reden, Angebote ohne Rücksprache mit der Anleitung durchführen, unpünktlich sein, bei Entscheidungen vorpreschen, die Kinder zu sehr an sich binden, sich auf Kosten der Kinder erproben).
- Sie informieren die Praktikantinnen und Praktikanten über das, was in der Einrichtung nicht geduldet wird.
- Sie geben den Praktikantinnen und Praktikanten, sofern vorhanden, Einblick in das Qualitätshandbuch und erläutern dieses.
- Sie informieren die Praktikantinnen und Praktikanten über Gepflogenheiten der Einrichtung wie beispielsweise Rituale, Abholzeiten, Essenszeiten.
- Sie weisen Praktikantinnen und Praktikanten ihre Gruppe, ihren Gruppen- oder Funktionsraum zu.
- Sie informieren die Praktikantinnen und Praktikanten über den Umgang mit Vorbereitungszeiten und Bearbeitungszeiten, von Aufgaben der Schule sowie der Einrichtung. Sie klären ab, ob dafür Vorbereitungszeit im Rahmen des Praktikums zur Verfügung steht.
- Sie geben Praktikantinnen und Praktikanten die Möglichkeit, sich den Kindern, dem Team und den Eltern vorzustellen. Sie besprechen die dafür zur Verfügung stehenden Möglichkeiten.
- Sie besprechen mit den Praktikantinnen und Praktikanten die Erwartungen der Einrichtung bezüglich ihrer Arbeitshaltung (professionell, erwachsen, reflektiert, situationsangemessen, motiviert, verbunden mit Zurückhaltung) und ihrem Verhalten in der Einrichtung.

- Sie weisen die Praktikantinnen und Praktikanten auf die Bedeutung von Pünktlichkeit hin; Fehlzeiten sind rechtzeitig bei Einrichtung und Schule selbstständig zu melden.
- Sie weisen die Praktikantinnen und Praktikanten auf das Einhalten der Abläufe und Regeln der Einrichtung hin.
- Sie weisen die Praktikantinnen und Praktikanten auf das Verschwiegenheitsgebot hin.
- Sie weisen die Praktikantinnen und Praktikanten darauf hin, kritische Situationen nicht im Alleingang zu lösen.
- Sie geben den Praktikantinnen und Praktikanten Möglichkeit, auch ihre Wünsche zu äußern. Welchen Anspruch haben sie an dieses Praktikum? Welche Ziele setzen sie sich? Worin wollen sie sich ausprobieren?
- Sie erkundigen sich nach den Stärken der Praktikantinnen und Praktikanten. Was können diese gut?
- Sie klären die gegenseitigen Erwartungen ab.
- Sie klären das Rollenverständnis.
- Sie informieren über feststehende Termine im Jahresplan (Sitzungen, Feste, Elternabende, Fortbildungen usw.).
- Sie rücken die freiwillige Teilnahme an Fortbildungsveranstaltungen in den Blick.
- Sie erstellen in den ersten Tagen den Arbeitsplan und bedenken dabei die Aufgaben und Ziele, welche für die Schule zu erledigen sind, z. B. Terminfestlegung der Reflexionsgespräche und des Praktikumsbesuches, Vorbereitungen für den Praktikumsbesuch, welche Aufgaben und Aktivitäten die Praktikantinnen und Praktikanten übernehmen wollen oder aber auch im Sinne der Schule übernehmen müssen.

Eine Hilfestellung zu Beginn des Praktikums kann eine Vereinbarung zwischen Einrichtung und Praktikantinnen und Praktikanten sein (siehe Vorlage „Praktikumsvereinbarung“, S. 91). Was Praktikantinnen und Praktikanten von der Anleitung erwarten können, kann mit der Vorlage „Vereinbarung bei Praktikumsbeginn“ auf S. 93 festgehalten werden.

Grundsätzliches für die restlichen Tage in der Einrichtung

- Anleitende Personen benennen eine Vertretung, falls sie selber einmal fehlen sollten.
- Sie sind offen für die Fragen der Praktikantinnen und Praktikanten und nehmen sich Zeit für deren Beantwortung.
- Sie stellen Fragen, anstatt nur Antworten und Lösungen zu geben.
- Sie geben kontinuierlich Rückmeldung und nutzen dazu Reflexionsgespräche in einem separaten Raum.
- Sie sind selber Vorbild und erklären ihre Handlungsstrategien im Alltag.
- Sie erkennen die Ressourcen und nicht nur die Defizite der Praktikantinnen und Praktikanten.
- Sie arbeiten mit den Stärken und Kompetenzen, über die Praktikantinnen und Praktikanten zum Zeitpunkt des Praktikums bereits verfügen.
- Sie legen offen, nach welchen Kriterien sie die Praktikantinnen und Praktikanten beurteilen und besprechen die Beurteilungen gemeinsam.
- Sie überfordern und unterfordern die Praktikantinnen und Praktikanten nicht. Sie berücksichtigen immer den Stand der Ausbildung und verlieren dabei nicht aus dem Blick, dass es sich um Praktikantinnen und Praktikanten handelt.
- Praktikantinnen und Praktikanten unterscheiden sich. Deshalb muss sich auch die Anleitung sensibel am Individuum, dessen Kenntnissen, Fähigkeiten und Haltungen orientieren und dementsprechend anleiten und begleiten.

2.2.2 Orientierungsphase

Aufgaben der Anleitung in der Orientierungsphase

- Sie weisen die Praktikantinnen und Praktikanten in die Einrichtung ein, integrieren sie und informieren sie.
- Sie geben Praktikantinnen und Praktikanten die Möglichkeit, sich den Kindern, dem Team und den Eltern vorzustellen.
- Sie binden die Praktikantinnen und Praktikanten ins Team ein.
- Sie machen die Praktikantinnen und Praktikanten mit den pädagogischen Vorgaben vertraut.
- Sie stellen den Praktikantinnen und Praktikanten die Einrichtung und ihre Besonderheiten vor.
- Sie machen die Praktikantinnen und Praktikanten mit der Konzeption der Einrichtung vertraut.
- Sie erläutern den Praktikantinnen und Praktikanten die unterschiedlichen Aufgabenfelder in der Einrichtung.
- Sie erklären den Praktikantinnen und Praktikanten Rituale und Tagesabläufe und machen sie damit vertraut.
- Sie stellen den Praktikantinnen und Praktikanten die Einrichtungsziele und den Leitgedanken vor und erläutern ihnen den Inhalt.
- Sie machen die Praktikantinnen und Praktikanten mit dem Qualitätshandbuch vertraut.
- Sie stellen den Praktikantinnen und Praktikanten die Arbeitsweise und den pädagogischen Ansatz ihrer Einrichtung vor.
- Sie stellen den Praktikantinnen und Praktikanten klare Aufgaben und informieren sie über die von der Fachschule gestellten Aufgaben.

- Sie erstellen mit den Praktikantinnen und Praktikanten einen Arbeitsplan und füllen diesen mit Inhalt.
- Sie begleiten die ersten pädagogischen Angebotsversuche.
- Sie geben konkrete Hinweise und Anregungen.
- Sie erteilen den Praktikantinnen und Praktikanten kleinere Beobachtungsaufgaben.
- Sie planen wöchentliche feste Reflexionszeiten ein und melden darin unter anderem Entwicklungsschritte zurück.
- Sie stellen Praktikantinnen und Praktikanten wöchentliche Vorbereitungszeit zur Verfügung.
- Sie machen die eigenen Bewertungskriterien transparent.
- Sie führen Zwischenreflexionen durch, in denen Probleme angesprochen und neue Ziele definiert werden.
- Sie sind authentisch und offen.

Bedeutung der Orientierungsphase für die Praktikantinnen und Praktikanten

- Sie fassen in der Einrichtung Fuß und kommen in der Einrichtung an.
- Sie lernen Räume, Materialien, Außengelände, Medien und Literatur kennen.
- Sie lernen Kinder, Eltern, Mitarbeiter und Team und die Aufgaben in einer Einrichtung kennen.
- Sie setzen sich mit Dienstplänen, Tagesablauf, Bring- und Abholzeiten, Dienstanweisungen, Sicherheitsvorschriften, Schweigepflicht, Organisation und Aufgabenverteilung auseinander.
- Sie lernen Träger, Strukturen, Konzeption, pädagogischen Ansatz und die Aufgaben der Einrichtung kennen.
- Sie setzen sich mit Nähe und Distanz auseinander.
- Sie lernen Werte und Normen kennen.
- Sie setzen sich mit dem Lebensumfeld, den Lebenssituationen und der sozialen Situation der Kinder auseinander.
- Sie werden Teil einer Gruppe und lernen die Mitglieder kennen, informieren sich über diese und nehmen zunehmend mit den Gruppenmitgliedern Kontakt auf.
- Sie beteiligen sich an den im Kindergarten anstehenden pädagogischen, organisatorischen, pflegerischen und hauswirtschaftlichen Arbeiten.
- Sie nehmen zunehmend am Gruppengeschehen teil.
- Sie lernen unterschiedliche Entwicklungsstände von Kindern kennen.
- Sie lernen Dienstbesprechungen kennen.
- Sie lernen Elternabende kennen.
- Sie lernen die Zusammenarbeit mit unterschiedlichen Institutionen kennen.
- Sie reflektieren und tauschen mit Anleitung und Kollegium ihre Erfahrungen aus.

Erwartungen an Praktikantinnen und Praktikanten in der Orientierungsphase

- Sie zeigen sich offen und interessiert am Praktikum.
- Sie zeigen sich fachkompetent durch erstes selbstständiges Handeln und Reflektieren.
- Sie versuchen, selbstständig Ziele zu formulieren.
- Sie zeigen Bereitschaft, sich Neues anzueignen.
- Sie bringen sich aktiv in den Alltag ein.
- Sie führen Beobachtungen durch und dokumentieren diese.
- Sie führen ein Protokoll oder pädagogisches Tagebuch.

2.2.3 Erprobungsphase

Aufgaben der Anleitung in der Erprobungsphase

- Sie erteilen den Praktikantinnen und Praktikanten Arbeitsaufträge und vertrauen ihnen Teilaufgaben an.
- Sie erteilen umfangreichere Beobachtungsaufgaben und stellen verschiedene Beobachtungsverfahren zur Verfügung.
- Sie lassen die Praktikantinnen und Praktikanten die Bedeutung des Mitspracherechts der Kinder erleben.
- Sie geben den Praktikantinnen und Praktikanten facettenreiche Möglichkeiten, um sich zu erproben.
- Sie helfen, die praktischen Erprobungen in den verschiedenen Aufgabenbereichen sachlich und methodisch-didaktisch vorzubereiten.
- Sie fordern pädagogische Begründungen für das Handeln der Praktikantinnen und Praktikanten ein.
- Sie machen die eigene Planung von Aktivitäten transparent.
- Sie handeln als Vorbild.
- Sie sind offen für Neues und lassen Veränderungen zu.
- Sie motivieren die Praktikantinnen und Praktikanten zum Ausprobieren und zum Nutzen der Freiräume.
- Sie reflektieren gemeinsam mit den Praktikantinnen und Praktikanten durchgeführte Aktivitäten.
- Sie geben Rückmeldung und reflektieren die ErzieherInnenrolle und die ErzieherInnenpersönlichkeit der Praktikantinnen und Praktikanten.
- Sie beziehen die Praktikantinnen und Praktikanten in pädagogische Überlegungen ein.
- Sie reflektieren mit den Praktikantinnen und Praktikanten die Zusammenhänge von Theorie und Praxis.
- Sie ermöglichen den Praktikantinnen und Praktikanten Einblicke in die Elternarbeit und vermitteln ihnen die Bedeutung von Erziehungspartnerschaft.
- Sie ermöglichen den Praktikantinnen und Praktikanten Einblick in die Teamarbeit.
- Sie führen kontinuierlich Zwischenbewertungen durch, kontrollieren die Einhaltung von vereinbarten Zielen und vereinbaren neue Ziele.
- Sie behalten den Arbeitsplan mit den Praktikantinnen und Praktikanten stets im Blick.
- Sie verständigen sich darauf, immer wieder neue Ziele miteinander zu vereinbaren.

Bedeutung der Erprobungsphase für die Praktikantinnen und Praktikanten

- Sie erwerben sicheres Handeln durch angeleitetes praktisches Erproben in allen Tätigkeitsfeldern.
- Sie erforschen Interessen, Neigungen, Bedürfnisse, Stärken und Schwächen der Kinder.
- Sie erstellen Situationsanalysen und führen Analyseverfahren durch.
- Sie dokumentieren ihre Beobachtungen.
- Sie entwickeln pädagogische Angebote aus gemachten Beobachtungen.
- Sie nehmen aktiv am Gruppengeschehen teil und bauen Beziehungen zu Gruppenmitgliedern auf.
- Sie beobachten Gruppenprozesse und reflektieren diese.
- Sie lernen mit Kleingruppen selbstständig zu arbeiten.
- Sie planen Einzelaktivitäten, führen sie durch und führen Aufsicht.
- Sie setzen sich mit den Arbeitsabläufen der Einrichtung auseinander und übernehmen Routineaufgaben.
- Sie werden vertraut mit den Instrumenten der Qualitätsentwicklung.
- Sie entwickeln eigene pädagogische Vorstellungen und äußern diese.
- Sie werden mit Verwaltungsaufgaben konfrontiert (z. B. Anwesenheitslisten, Essensgeldabrechnung, Essenslisten).
- Sie beteiligen sich an der Erstellung von Berichten und Dokumentationen.
- Sie beteiligen sich an der Gestaltung von Elternabenden und nehmen an Elterngesprächen teil.
- Sie reflektieren die Bedeutung der Erziehungs- und Bildungspartnerschaft.
- Sie beteiligen sich an Teamsitzungen, Gestaltung von Festen und Ausflügen mit festen Aufgaben.
- Sie nehmen an Kontakten mit anderen Institutionen teil.
- Sie reflektieren mit der Anleitung, im Team oder mit Kollegen berufspraktische Erfahrungen.

Erwartungen an die Praktikantinnen und Praktikanten in der Erprobungsphase

- Sie zeigen sich daran interessiert, sich in verschiedenen Aufgabenbereichen zu erproben.
- Sie zeigen sich im pädagogischen Handeln zunehmend selbstständig.
- Sie zeigen sich zunehmend teamfähig.

2.2.4 Verselbstständigungsphase

Aufgaben der Anleitung in der Verselbstständigungsphase

- Sie begleiten und beraten.
- Sie fordern Leistungssteigerungen bei den Praktikantinnen und Praktikanten ein und erwarten selbstständiges Arbeiten.
- Sie delegieren Aufgaben und übertragen Verantwortung an die Praktikantinnen und Praktikanten.
- Sie stehen für Fragen zur Verfügung.
- Sie reflektieren mit den Praktikantinnen und Praktikanten die Lernfortschritte und die Entwicklung während des Praktikums.
- Sie überblicken, reflektieren und dokumentieren die Gesamtentwicklung der Praktikantinnen und Praktikanten.
- Sie überdenken die Berufseignung.
- Sie sind im Rahmen der Projektfindung behilflich.
- Sie evaluieren den Arbeitsplan und befassen sich mit Inhalten, zu deren Realisierung es bisher noch keine Möglichkeit gab.
- Sie ermöglichen den Einblick in Verwaltung, Gesprächsführung und Dokumentation.
- Sie öffnen den Blick der Praktikantinnen und Praktikanten für die Bedeutung von Kooperationspartnern, Gemeinwesenarbeit und Öffentlichkeitsarbeit.
- Sie öffnen Praktikantinnen und Praktikanten den Blick für berufliche Perspektiven.

- Sie besprechen mit den Praktikantinnen und Praktikanten die Möglichkeit, sich von den Kindern und dem Team zu verabschieden.
- Sie führen ein Abschlussgespräch.

Bedeutung der Verselbstständigungsphase für die Praktikantinnen und Praktikanten

- Sie setzen Theorie in Praxis um.
- Sie handeln in allen Tätigkeitsfeldern selbstständig.
- Sie handeln selbstständig und eigenverantwortlich.
- Sie planen methodisch-didaktische Projekte und andere Vorhaben, organisieren diese, führen sie durch und reflektieren sie.
- Sie ermöglichen die Partizipation der Kinder.
- Sie planen Elternabende und führen sie durch.
- Sie führen Elterngespräche.
- Sie zeigen eigenverantwortliche Zusammenarbeit mit den Eltern.
- Sie planen Teamarbeit und führen sie durch.
- Sie arbeiten an konzeptionellen Fragen mit und bringen eigene Ideen ein.
- Sie reflektieren ihre eigene fachliche Entwicklung während des Berufspraktikums bzw. Anerkennungspraktikums mit anleitender Person und Kollegium.
- Sie entwickeln berufliche Perspektiven.
- Sie stellen selbstständig Kontakte zu Kooperationspartnern her.

Erwartungen an die Praktikantinnen und Praktikanten in der Verselbstständigungsphase

- Sie planen selbstständig ein Projekt unter der Partizipation der Kinder, sie führen es durch und reflektieren es.
- Sie übernehmen selbstständig Verantwortung und Aufgabenbereiche.
- Sie machen selbstständig Vorschläge und übernehmen Initiative im Team.

2.2.5 Abschied

Jedes Praktikum ist mit einem Abschied verbunden. Dieser Abschied kann ganz unterschiedlich in den Empfindungen sein. Die Praktikantinnen und Praktikanten können beispielsweise froh sein, das Praktikum hinter sich zu haben und wollen schnell zu neuen Zielen aufbrechen. Vielleicht würden sie aber auch gerne in der Einrichtung bleiben, da sie sich dort sehr wohl fühlten. Die Einrichtung hingegen mag bedauern, dass eine Praktikantin sie verlässt. Es kann aber auch passieren, dass die meisten in der Einrichtung über den Weggang einer Praktikantin erleichtert sind, da die Zusammenarbeit nicht ohne Komplikationen verlief. Sehr wahrscheinlich werden viele Kinder die Praktikantinnen und Praktikanten vermissen, wenn sie nicht mehr da sind, und nach ihnen fragen. Zudem kann es sein, dass die Eltern verunsichert sind und Veränderungen in der Gruppe befürchten. Deshalb muss der Abschied kanalisiert und in die richtige Form gebracht werden. Das bedeutet unter anderem, rechtzeitig gemeinsam mit der Praktikantin bzw. dem Praktikanten einen Gesprächstermin zu vereinbaren um den Abschied zu besprechen. So wird sichergestellt, den Abschied für alle Beteiligten so sanft und harmonisch wie möglich zu vollziehen.

Abschied kanalisieren

Aufgaben der Anleitung vor dem Abschied

- Sie führen rechtzeitig ein Gespräch über die möglichen zukünftigen Perspektiven der Praktikantinnen und Praktikanten in der Einrichtung.
- Sie machen sich rechtzeitig mit den Praktikantinnen und Praktikanten Gedanken über die Form und den Rahmen der Verabschiedung.
- Sie legen rechtzeitig einen Termin für die Verabschiedung fest.
- Sie bereiten gemeinsam mit den Praktikantinnen und Praktikanten die Kinder rechtzeitig auf den Abschied vor.
- Sie geben den Praktikantinnen und Praktikanten die Möglichkeit, sich vom Team zu verabschieden.
- Sie beraten die Praktikantinnen und Praktikanten, in welcher Form sie sich von den Eltern verabschieden können.
- Sie legen gemeinsam einen Termin für das Bewertungsgespräch fest, halten ihn ein und reflektieren gemeinsam die Leistungen im Praktikum.

2.3 Besondere Aufgaben der Anleitung

2.3.1 Praktikumsbesuch

Frühzeitig planen

Der Praktikumsbesuch ist ein Treffen in der Praxis zwischen PraktikantIn, AnleiterIn (eventuell auch LeiterIn der Einrichtung) und der Lehrerin bzw. dem Lehrer der entsprechenden Fachschule. Er sollte frühzeitig von den Praktikantinnen und Praktikanten mit der Anleitung und der Betreuungslehrerin bzw. dem Betreuungslehrer terminlich fixiert und inhaltlich geplant werden. Darüber hinaus sollten auch die Leitung sowie die anderen Mitarbeitenden der Gruppe vom Besuch in Kenntnis gesetzt sein, um für einen reibungslosen Ablauf in der Gruppe sorgen zu können, während Anleitung und Praktikantinnen und Praktikanten sich für das Gespräch mit der Lehrkraft aus der Gruppe herausziehen. Des Weiteren sollten die Praktikantinnen und Praktikanten wichtige Einrichtungsinformationen wie Wegbeschreibung, Adresse, Telefonnummer, Stockwerk und Name der Gruppe frühzeitig an die betreuende Lehrkraft weiterleiten.

Rundgang

Der Praktikumsbesuch dauert in der Regel eineinhalb bis zwei Stunden. Die inhaltliche Planung richtet sich zum einen nach den Wünschen der Schule. Darüber hinaus sollte zum anderen auf jeden Fall eine Führung durch die Einrichtung erfolgen. So erhalten BetreuungslehrerInnen einen Eindruck von der Einrichtung und darüber, wie gut die Praktikantinnen und Praktikanten sich eingelebt haben. Bei der Führung durch die Einrichtung werden auch die Räume und ihr Nutzen vorgestellt. Dabei können Fragen gestellt sowie Kinder, Personen und Leitung einander vorgestellt werden.

Vier-Augen-Gespräch

Darüber hinaus bietet dieser Rundgang bereits die Möglichkeit zu einem ersten Vier-Augen-Gespräch zwischen BetreuungslehrerIn und PraktikantIn, das auf jeden Fall für den Praktikumsbesuch eingeplant werden soll. Hier werden zuvor bereits angesprochene Sachverhalte nochmals vertieft erfragt, um die erworbene Kenntnis der Praktikantinnen und Praktikanten über die Arbeit und die Einrichtung zu reflektieren. Des Weiteren bietet dieses Gespräch den Praktikantinnen und Praktikanten die Möglichkeit, Sachverhalte anzusprechen, welche sie in Anwesenheit ihrer Anleitung nicht thematisieren möchte.

Sechs-Augen-Gespräch

Daran sollte sich ein Sechs-Augen-Gespräch zwischen PraktikantIn, BetreuungslehrerIn und AnleiterIn anschließen. Darin schildert die Anleitung aus ihrer Sicht die Entwicklung der Praktikantin bzw. des Praktikanten. Beide Gespräche sollten in einem ruhigen separaten Raum stattfinden.

Der Praktikumsbesuch kann aber durch die Hospitation der Lehrkraft auch inhaltlich mitgeprägt sein, z. B. im Rahmen einer lernzielorientierten Beschäftigung der Praktikantinnen und Praktikanten oder durch Einsichtnahme in Dokumentationen oder in das pädagogische Tagebuch (auch Praktikumsheft oder Praktikumsordner, siehe Abschnitt 2.3.2).

Auch die Einsichtnahme in den Reflexionsbogen, den Anleitung und Praktikantinnen und Praktikanten getrennt voneinander ausgefüllt haben, kann zu einem regen Austausch Anlass geben (siehe Vorlage „Reflexionsbogen Praktikum", S. 94–100).

Insbesondere dient der Praktikumsbesuch dem Austausch von Informationen, Erwartungen, Ansprüchen, Unsicherheiten oder Ängsten. Er reflektiert die Entwicklung der Praktikantinnen und Praktikanten auf ihrem Weg zu einer Erzieherpersönlichkeit und dient der kooperativen Zusammenarbeit von Schule und Praxis.

Der Verlauf des Besuches sollte von der betreuenden Lehrkraft dokumentiert werden (siehe Vorlage „Gesprächsprotokoll", S. 90).

2.3.2 Pädagogisches Tagebuch

Praktikantinnen und Praktikanten sollten während ihrer Praktikumszeit ein pädagogisches Tagebuch führen, auch Praktikumsordner oder Praktikumsheft genannt. Je nachdem, für welche Form sich die Praxis und/oder die Schule entscheiden, ist die anleitende Person den Praktikantinnen und Praktikanten bei den unterschiedlichsten Reflexionen behilflich.

Pädagogische Tagebücher können mit folgenden Inhalten gefüllt werden:

Inhalt

- Eintragungen zu besonderen Ereignissen, Herausforderungen, Grenzerfahrungen und anderen Erfahrungen pro Tag
- Beschreibungen von Beobachtungen, Eindrücken, Empfindungen
- Beschreibung von positiven und negativen Erlebnissen und Erfahrungen im Umgang mit Eltern, Kindern, Team und der eigenen Arbeit
- Sammlung von pädagogischen Fragen, bei denen Hilfe benötigt wird
- Nennung von selbstbeobachteten eigenen Stärken, Schwächen und Unsicherheiten
- Beschreibung von Konflikten, Problemen und Grenzsituationen
- Durchgeführte Aktivitäten, lernzielorientierte Beschäftigungen und die dafür angefertigte Dokumentation
- Sammlung von Projektideen, besonderen Methoden, Spielen, Liedern, Aktivitäten usw.
- Fotos
- Materialien zur Konzeption
- Ausbildungsplan
- Protokolle von Reflexionsgesprächen und Rückmeldungen durch die Anleitung

2.4 Bewertung der Praktikumsleistung

Bemühung um Objektivität

Am Ende eines jeden Praktikums steht die Bewertung der Leistung der Praktikantinnen und Praktikanten. Es ist nicht einfach, eine halbwegs objektive Einschätzung zu Praktikantinnen und Praktikanten zu formulieren. Trotz aller Bemühung um Objektivität wird es so sein, dass aufgrund unterschiedlicher Erfahrungen und Beobachtungen Dinge und Situationen aus verschiedenen Perspektiven wahrgenommen und bewertet werden. Deshalb sollte die Anleitung schon gleich zu Beginn des Praktikums Ziele und Kriterien der späteren Beurteilung transparent machen.

2.4.1 Beurteilungsgespräch

Grundlage der Bewertung sollte ein Beurteilungsgespräch sein. Darüber hinaus können Entwicklungsgespräche, Rückmeldegespräche, der individuelle Ausbildungsplan und regelmäßig ausgefüllte Reflexionsbögen (siehe Vorlage „Reflexionsbogen Praktikum", S. 94–100) für die Beurteilung herangezogen werden. Aber auch die während des Praktikums durch die Anleitung durchgeführten Kurzprotokolle (siehe Vorlage „Gesprächsprotokoll", S. 90) können dabei behilflich sein, die Leistungen von Praktikantinnen und Praktikanten zu beurteilen.

Beurteilungsentwurf

Für die Beurteilung bereitet die Anleitung einen reflektierten, fachlich fundierten, objektiven Beurteilungsentwurf vor. Sie vereinbart mit der Praktikantin bzw. dem Praktikanten einen Gesprächstermin, in dem sie genügend Zeit für das Gespräch einplant und geht mit der Praktikantin bzw. dem Praktikant den Entwurf Schritt für Schritt durch. Sie bittet die Praktikantin bzw. den Praktikant, sich erst die Bewertung anzuhören. Darin begründet und belegt sie die einzelnen Bewertungsaspekte. Sie tauscht sich mit der Praktikantin bzw. dem Praktikant über die Notengebung aus und ist auch bereit, den eigenen Entwurf zu korrigieren, wenn es notwendig sein sollte.

Für Praktikantinnen und Praktikanten ist die Note sehr bedeutend, da sie über ihre Versetzung und die Berufseignung entscheidet. Dennoch sollte die Anleitung bereit sein, eine realistische Einschätzung der Praktikantinnen und Praktikanten vorzunehmen, auch wenn die Note schmerzhaft für die Betroffenen sein könnte.

Für die Beurteilung stellt die Fachschule der Praxis meist einen Beurteilungsbogen zur Verfügung. Dazu kann auch Vorlage „Bewertung der berufspraktischen Ausbildung" (siehe S. 85–87) genutzt werden.

Die Bewertung dient nur der Praktikantin bzw. dem Praktikanten und der Schule im Rahmen der Ausbildung, nicht aber als spätere Bewerbungsunterlage.

Achtung vor Bewertungsfallen!

Überstrahlung: Menschen mit positiver Ausstrahlung und Selbstsicherheit werden meist besser bewertet.
Milde: Gegenüber Menschen in schwierigen Lebenssituationen lässt man häufiger im Rahmen der Bewertung Milde walten.
Verallgemeinerung: Von Beobachtungen einzelner Verhaltensweisen wird auf andere Verhaltensweisen geschlossen.
Gegenteil: Es fließt intensiver das in die Bewertung ein, was man bei sich selbst vermisst und bei anderen bewundert.
Normentsprechung: Menschen, die eher den gängigen Vorstellungen entsprechen, werden oft besser bewertet als andere.
Vorurteil: Vorurteile (Aussehen, Kleidung, Verhalten usw.) gegenüber Personen steuern Bewertungen und Einschätzungen.
Durchschnittlichkeit: Bei Unsicherheit in der Bewertung neigt man zu einer mittleren Bewertung.

Notengebung

Da nicht nur beschreibend die Leistung der Praktikantinnen und Praktikanten auf den Punkt gebracht werden soll, sondern auch eine Note unter dem Beurteilungsbogen stehen muss, heißt es, die entsprechende Note bereits in der Formulierung zu berücksichtigen, um sie auf den Punkt zu bringen.

Info zur Bewertung

Die Leistungen der Praktikantin bzw. des Praktikanten entspricht den Anforderungen …		
… in besonderem Maße.	= sehr gut	1
… voll.	= gut	2
… im Allgemeinen.	= befriedigend	3
… noch, weist aber Mängel auf.	= ausreichend	4
… nicht, jedoch sind die Anforderungen in absehbarere Zeit zu erfüllen, da notwendige Grundkenntnisse vorhanden sind.	= mangelhaft	5
… nicht und Grundkenntnisse sind nicht ausreichend vorhanden, um die Anforderungen in naher Zeit zu erfüllen.	= ungenügend	6

2.4.2 Weitere Gesprächsformen zwischen Anleitung und PraktikantIn

Im Rahmen der Praktikumsbetreuung kann es zu verschiedenen Formen von Gesprächen kommen, die nachfolgend erläutert werden.

Zwischendurchgespräche

Die Anleitung nimmt sich auch dann, wenn kein Gesprächstermin vereinbart ist, Zeit für die Fragen und Belange der Praktikantinnen und Praktikanten. Viele Anfragen der Praktikantinnen und Praktikanten sind kurz beantwortet, dulden aber keinen Aufschub, da sie sonst in Vergessenheit geraten bzw. den reibungslosen Ablauf in der Einrichtung erschweren.

Beratungsgespräche

Das Ziel von Beratungsgesprächen ist es, den Praktikantinnen und Praktikanten bei der Lösung von Problemen oder anstehenden Aufgaben behilflich zu sein. In diesem Zusammenhang stehen unter anderem Vorbereitungsgespräche zur Durchführung von Aktivitäten oder Projekte. Darin gibt die Anleitung Anregungen und Hilfestellungen zur Auswahl der Kinder, zur methodisch-didaktischen Durchführung oder unterstützender Literatur. Somit steht nicht das Problem oder die Ursache im Mittelpunkt des Gespräches, sondern die Suche nach Möglichkeiten, Situationen zu meistern.

Das Beratungsgespräch kann mithilfe der Vorlage „Gesprächsprotokoll" auf S. 90 dokumentiert werden.

Reflexionsgespräche

In Reflexionsgesprächen reflektieren Praktikantinnen und Praktikanten und Anleitung durchgeführte Aktivitäten, Projekte oder erlebte Situationen. Diese Gesprächsform beinhaltet die Reflexion der beruflichen Erfahrungen ebenso wie die Reflexion über den erreichten Kompetenzentwicklungsstand (individuelle Entwicklungsziele, individueller Ausbildungsplan) oder den Aufbau einer Beziehung zu den Kindern und dem Team sowie die Selbstreflexion. Die Reflexionsebenen können dabei vielfältig sein: man selbst, die Kinder, die methodisch-didaktische Planung, Organisation, Zielformulierung und Zielerreichung, Konzeption, sachliche Vorbereitung, Zusammenarbeit mit anderen Beteiligten, Material, Medien und Konsequenzen für das zukünftige Handeln.

Im Rahmen eines Reflexionsgespräches kann von Zeit zu Zeit ein Reflexionsbogen eingesetzt werden (siehe Vorlage „Reflexionsbogen Praktikum“, S. 94–100). Sowohl die Anleitung als auch die Praktikantin bzw. der Praktikant sollten diesen getrennt voneinander wenigstens einmal pro Praktikum bearbeiten. Im Rahmen des Berufspraktikums bzw. Anerkennungsjahrs sollte der Reflexionsbogen vierteljährlich zum Einsatz kommen.

Fremd- und Selbsteinschätzung

Der Reflexionsbogen ermöglicht Rückmeldung in verschiedenen Leistungsbereichen und einen konstruktiven Dialog zwischen Anleitung und PraktikantIn aufgrund der sich ergebenden Divergenzen zwischen Fremdeinschätzung und Selbsteinschätzung. Darüber hinaus können mit ihm neue Entwicklungsziele herausgefiltert werden. Zudem bekommen Praktikantinnen und Praktikanten durch das Gespräch mit der Anleitung über den ausgefüllten Bogen Rückmeldung über ihre Arbeit.

Das Reflexionsgespräch kann mithilfe der Vorlage „Gesprächsprotokoll“ auf S. 90 dokumentiert werden.

Anleitungsgespräche/Regelgespräche

Beobachteter Entwicklungsprozess

Anleitungsgespräche reflektieren den Entwicklungsprozess der Praktikantinnen und Praktikanten. Die Praxisanleitung tauscht sich mit ihnen über die gemachten Beobachtungen und Eindrücke aus. Anleitungsgespräche werden im Voraus terminiert und sollten mindestens einmal wöchentlich stattfinden. Auch die Dauer des Gesprächs ist festgelegt (30 bis 60 Minuten). Es sollte in störungsfreier Atmosphäre stattfinden. Die Inhalte des Gesprächs werden von den Praktikantinnen und Praktikanten und der anleitenden Person gemeinsam bestimmt. Gemeinsam werden deshalb im Vorhinein Tagungsordnungspunkte für das Gespräch festgelegt. Oft beziehen sich die Inhalte auf zuvor formulierte Zielvereinbarungen oder aber auf im pädagogischen Tagebuch festgehaltene Fragestellungen und Grenzerfahrungen im Rahmen der pädagogischen Praxis. Ein weiteres Thema können auch die Analyse von Beobachtungen, Beziehungen, Handlungssituationen und Planungen sein.

Hierzu kann auch Vorlage „Rückmeldung zu geplanter und durchgeführter Aktivität“ auf S. 89 genutzt werden.

Auch Diskussionen über die pädagogische Praxis können hier ihren Platz finden. Zum Schluss eines jeden Anleitungsgespräches sollten neue Zielvereinbarungen festgehalten werden.

Anleitungsgespräche und Regelgespräche sollten dokumentiert werden. Dazu kann die Vorlage „Gesprächsprotokoll" auf S. 90 genutzt werden.

Feedbackgespräche

Effektivere Verhaltensformen

Bei einem Feedbackgespräch geht es um die Umwandlung von störenden Verhaltensweisen in effektivere Verhaltensformen. Feedbackgespräche erfolgen möglichst zeitnah auf das beobachtete Verhalten. Dafür ist es notwendig, wertschätzend miteinander umzugehen. Die Aussagen werden im Gespräch so konkret, klar und deutlich wie möglich formuliert. Dabei werden die Störungen sachlich (nicht verletzend und emotional) aus der eigenen Erfahrung mit Beispielen beschrieben. Feedbackgespräche erfolgen ohne Bewertung, Kritik, Urteil oder Analyse. Sie beschreiben stattdessen, was beobachtet wurde. Auch die positiven Erfahrungen sollten im Austausch miteinander nicht zu kurz kommen.

Das Gespräch lässt sich in drei Schritte gliedern.

- Schritt 1: Einander sagen, wie man sich gegenseitig erlebt
- Schritt 2: Gefühle und Bedürfnisse im gemeinsamen Miteinander äußern
- Schritt 3: Gemeinsames Finden von erleichternden Alternativen im Umgang miteinander

Auch Feedbackgespräche sollten mithilfe der Vorlage „Gesprächsprotokoll " auf S. 90 dokumentiert werden.

Abschlussgespräche

Nach jeder Praktikumsphase sollte die anleitende Person auch ein Abschlussgespräch führen, indem das Praktikum gemeinsam reflektiert und die Note thematisiert und begründet wird.

Dieses Abschlussgespräch lässt sich wie folgt unterteilen:

- Reflexion und Rückblick der Praktikantin über das absolvierte Praktikum: Anforderungen, Herausforderungen, Erfahrungen, Entwicklung
- Einander Rückmeldung geben: Praktikantinnen und Praktikanten – Anleitung (siehe Vorlage „Feedbackbogen: PraktikantIn – Anleitung", S. 92)
- Begründete Beurteilung und Notengebung

Für die Fragemethoden bei alle Gesprächen sind offene und ressourcenorientierte Fragestellungen empfehlenswert. Sie regen zur Reflexion und zur eigenen Stellung an. Geschlossene Fragen hingegen bringen Dinge auf den Punkt und lassen nur ein Ja oder Nein zu.

2.4.3 Konfliktgespräche und Konfliktlösungsmodelle

Unterschiedliche Erwartungen

Nicht immer passen Einrichtungen, Praktikantinnen und Praktikanten und die anleitende Person zusammen. Wenn die Chemie unter den Beteiligten nicht stimmt, kann es dazu kommen, dass die Praktikantinnen und Praktikanten in Erwägung ziehen, die Einrichtung oder die Anleitung zu wechseln. Auch kann es dazu kommen, dass die Anleitung selbst darüber nachdenkt, die Anleitung abzubrechen. Es gibt zudem Situationen, in denen es zu Missverständnissen kommt, die sich nicht einfach erkennen und ausräumen lassen. Manchmal sind auch die Erwartungen aneinander bereits von vornherein zu hoch oder zu niedrig. Natürlich könne auch unvorhergesehene Situationen zu Konflikten führen, z. B. die Erkrankung der Anleitung oder auch der Praktikantinnen und Praktikanten.

Schwierigkeiten

Leider nehmen auch nicht immer alle Beteiligten ihre Rolle verantwortungsbewusst und ernsthaft wahr, sie sind unzuverlässig, halten sich nicht an Termine, übernehmen die Anleitung nur oberflächlich, spielen Personen gegeneinander aus oder sind übergriffig im Verhalten. Zahlreiche Konflikte und hohe Fehlzeiten können ebenfalls dazu beitragen, dass Schwierigkeiten vorprogrammiert sind. Dennoch müssen sie während des Praktikums bewältigt werden können. Dazu ist es wichtig, dass Schule, Praktikantinnen und Praktikanten, Anleitung und andere Beteiligte sich direkt gegenseitig informieren, wenn es im Rahmen des Praktikums zu brodeln beginnt.

In jedem Praktikum kann es zu Konflikten zwischen Einrichtung, Träger, Leitung, Anleitung, Team, Kinder sowie Praktikantinnen und Praktikanten kommen. Die Ursache des Konfliktes sollte möglichst rasch angesprochen werden.

Ein Konfliktgespräch sollte grundsätzlich gut vorbereitet und an einem ruhigen, ungestörten Ort durchgeführt werden. Folgende Modelle geben eine erste Anleitung, wie die Beteiligten mit einem Konflikt umgehen können.

7-Phasen-Modell nach Weber

1. Vorbereitung: Es ist zu klären, was genau angesprochen werden soll.
2. Gesprächsbeginn: Die Gesprächspartner sollten sich darauf einigen, dass sie an einer von beiden Seiten zu akzeptierenden Lösung interessiert sind. Daran schließt sich die Darstellung der Sachlage aus beiden Perspektiven an.
3. Klärung der Ist- und Soll-Situation: Durch das Benennen des Ist-Zustandes kristallisiert sich die Störung heraus. Durch die Eruierung des Soll-Zustandes wird herausgearbeitet, welche Situation oder welches Verhalten erwünscht ist.
4. Herausarbeitung der wichtigsten Punkte: Wo sind Gemeinsamkeiten? Wo liegen die Uneinigkeiten/Unterschiede?
5. Entwicklung von Lösungen: Gemeinsam werden Lösungen mithilfe von Brainstorming gesammelt, und zwar ohne Wertung und Realisierbarkeitsüberlegungen. Sind alle Lösungen gesammelt, wird erst die Durchführbarkeit überprüft und Ideen herausgefiltert, die beide Konfliktpartner akzeptieren können.
6. Festhalten der Ergebnisse: Die Lösungen werden nun schriftlich festgehalten. Bei der Lösung sollte ein Kompromiss, eine Win-win-Lösung gefunden werden, sodass beide Konfliktpersonen trotz Kompromiss für sich noch einen Vorteil sehen.
7. Schluss: Beide Seiten überprüfen nun, ob sie mit den niedergeschriebenen Lösungen einverstanden sind und verabreden einen weiteren Termin zu einem späteren Zeitpunkt, um dann zu überprüfen, ob die Lösungen greifen.

Partnerschaftliches Konfliktlösungsmodell nach Thomas Gordon

1. Problem erkennen und klären: Konfliktpartner legen ihr Problem dar
2. Lösungsmöglichkeiten entwickeln: Lösungsvorschläge beider Seiten
3. Bewertung der Lösungsmöglichkeiten und Einigung: Eruierung, welche Lösungsmöglichkeiten allen Beteiligten gerecht wird
4. Durchführung der Entscheidung und abschließende Bewertung

In sechs Schritten durch den Konflikt

1. Erkennen und Benennen des Konfliktes
2. Konfliktdefinition: Worin besteht der Konflikt?
3. Lösungsvorschläge erarbeiten, verbunden mit einer Diskussion der Vor- und Nachteile
4. Entscheidung für das weitere Vorgehen
5. Festlegung: Wer tut was?; Gesprächsprotokoll
6. Umsetzung und neuer Termin

Lösungsorientierter Gesprächsverlauf

1. Kontaktphase: positive Gesprächsatmosphäre schaffen, offen sein für die Gesprächsproblematik
2. Motivationsphase: Einbringen der Problematik oder des Themas
3. Problemanalyse: Wie heißt das Problem? Wie ist es entstanden? Wie wirkt es sich aus? – angedachter Lösungsvorschlag
4. Einigung: Kompromisse schließen
5. Zusammenfassung: schriftliches Festhalten des Beschlusses
6. Abschluss: freundlich auseinandergehen

2.5 Vermittlungs- und Reflexionstechniken

Im Lauf des Praktikums kommt es zu zahlreichen Vermittlungssituationen, die durch verschiedene kreative Handlungsmethoden in Gang gesetzt werden können.

Paradoxes Brainstorming

Statt zu überlegen, wie das Praktikum am besten gelingen könnte, wird die Frage einfach auf den Kopf gestellt, z. B. wie das eigene am besten in den Sand gesetzt werden kann. Negative Ideen zu formulieren gelingt oft besser.

Arbeit mit Analogien

Eine Fragestellung wird in einen anderen Sinnzusammenhang gebracht. Statt zu fragen, wie man sich auf eine Aktivität vorbereitet, bringt man das Problem in einen anderen Sinnzusammenhang. Beispielsweise: Wie koche ich ein tolles

Essen? – Daraus entwickelt sich die Rezeptur für die Aktivität. Was koche ich? Was muss ich zuerst tun? Was muss ich denken? Wie gehe ich vor? Was benötige ich? Wie strukturiere ich den Kochvorgang?

Mindmapping

Zu verschiedenen Themen werden Strukturbäume mit Zweigen und Verästelungen aufgezeichnet.

Brainstorming

Alle Gedanken zu einem Thema werden ohne Einschränkung aufgeschrieben und gesammelt und später erst sortiert, ausgewertet und bewertet.

Einerseits – andererseits

Es werden zwei leere DIN-A4-Blätter zur Verfügung gestellt. Auf das eine Blatt werden die positiven Dinge notiert, welche die Praktikumszeit prägen, auf der anderen Seite die negativen Dinge. Diese beiden Blätter dienen der Reflexionsvorbereitung und werden im Gespräch zum Austausch genutzt.

Wie geht es mir?

Ein kurzer Austausch am Anfang eines jeden Gesprächs, wie es jemandem geht, wie er sich fühlt, was jemanden zur Zeit belastet, was jemanden erfreut, kann ein guter Einstieg in eine lockere Gesprächsatmosphäre sein und Dinge bereits andeuten, die später auch im Gespräch thematisiert werden könnten. Wichtig ist, dass sowohl die Anleitung als auch die Praktikantinnen und Praktikanten sich auf diesen Austausch vor den Gesprächen einlassen.

Schatzkiste – Mülleimer

Die Anleitung nimmt eine leere Schatzkiste und einen Mülleimer mit ins Gespräch hinein. Sowohl Praktikantin bzw. Praktikant als auch die Anleitung beschreiben nun Zettel mit negativen und positiven Inhalten und ordnen sie der Schatzkiste und dem Mülleimer zu. Anschließend ziehen sie willkürlich die Zettel heraus. Jeder Zettel wird besprochen und reflektiert.

Fischernetz – Meer

Die Anleitung nimmt ein kleines Netz und einen blauen Stoff – er symbolisiert das Meer – mit ins Gespräch hinein. Sie legt sowohl Stoff als auch Netz aus. Anleitung und Praktikantinnen und Praktikanten schreiben Zettel mit negativen und positiven Erfahrungsinhalten. Nacheinander reflektieren sie die notierten Inhalte. Die positiven Inhalte werden im Fischernetz gesammelt, die negativen Inhalte werden ins Meer zurückgeworfen und damit vernichtet.

Wetterbarometer

Anhand von Begrifflichkeiten, welche mit Wetter oder Wettersituationen zu tun haben, reflektieren Praktikantinnen und Praktikanten ihre Situationen im Praktikum und bringen die folgenden Begrifflichkeiten mit erlebten und durchlebten Alltagssituationen in Verbindung.

Begriffssammlung: Tiefdruck, Hochdruck, Sturm, Regen, Sonnenschein, Bewölkung, Regenbogen, Nebel, Glätte, Hitze, Wärme, Wolkenbruch, Hagel usw.

Stimmungsbarometer

Die Anleitung malt ein Koordinatenkreuz auf ein leeres Blatt Papier. Dort, wo sich Senkrechte und Waagerechte treffen, befindet sich der Nullpunkt. Die Senkrechte bestimmt die Stimmungslage: oben = gut, unten = schlecht. Die Waagerechte steht für die Länge des Praktikums bzw. für die Reflexionszeit über Tage, Wochen, Monate oder das Jahr. Die Praktikantin bzw. der Praktikant zeichnen nun die eigenen Stimmungen im Verlauf der vorgesehenen Zeit ein. Dieses Diagramm wird zum Anlass genommen, um sich über die Stimmungslagen der Praktikantinnen und Praktikanten auszutauschen.

Smiley-Zeitstrahl

Statt eines Diagrammes (siehe Stimmungsbarometer) wird ein Zeitstrahl auf ein Blatt Papier aufgezeichnet, der mit Tagen, Wochen oder Monaten gekennzeichnet ist. In diesen Zeitstrahl zeichnen die Praktikantinnen und Praktikanten Smileys ein, welche die eigenen Gefühle und Stimmungen zu bestimmten Zeiten zum Ausdruck bringen sollen. Dieser Zeitstrahl wird anschließend reflektierend besprochen.

Landkarte

Die Praktikantinnen und Praktikanten malen eine symbolische Landkarte mit Tälern, Hügeln, Ebenen, hohen Bergen, Flüssen, Seen usw. Anschließend nutzen die Praktikantinnen und Praktikanten die Landschaft dazu, ihr Praktikum zu reflektieren. Dazu wird den verschiedenen Örtlichkeiten Namen gegeben, die die Praktikantinnen und Praktikanten mit ihrer Entwicklung, ihren Erlebnissen, ihren Erfahrungen und ihren Stimmungen im Praktikum in Verbindung bringen. Die Karte wird für das sich anschließende Reflexionsgespräch genutzt. Dabei wird auf die verschiedenen Örtlichkeiten eingegangen.

Austausch in Symbole (Baum/Haus/Blume)

Die Anleitung stellt den Praktikantinnen und Praktikanten eine Zeichnung zur Verfügung:

- Zeichnung eines Baumes: Wurzel, Stamm, Rinde, Blüte, Früchte, Äste, Blätter, Baumkrone
- Zeichnung eines Hauses: Keller, Tür, Fenster, Dach, Schornstein, Dachziegel, Fensterläden, Etagen
- Zeichnung einer Blume: Wurzel, Stiel, Blätter, Blütenblätter, Blütenstand

Die Praktikantinnen und Praktikanten reflektieren nun, für was z.B. Wurzel, Stamm, Äste, Blätter oder Baumkrone symbolisch im Rahmen der eigenen Praktikumsentwicklung stehen. Außerdem sollen Praktikantinnen und Praktikanten reflektieren, in welchem Detail des Symbols (Baum, Haus, Blume) sie sich selber sehen, wenn das Symbol für das gesamte Praktikum steht.

Danach sollen die Praktikantinnen und Praktikanten das Bild weiter ausgestalten. Wenn Farben verwendet werden, wird auf deren Bedeutung eingegangen. Sollten andere zusätzliche Details hinzugefügt werden, wird auch deren Bedeutung geklärt und im Zusammenhang mit dem Praktikum interpretiert.

Fünf-Finger-Reflexion

Mit dieser Methode lässt sich eine schnelle Reflexion einleiten. Dazu benötigt man nur die eigene Hand. Jeder Finger an der Hand hat eine eigene Bedeutung.

- Daumen: Das sind für mich wichtige Entwicklungsschritte.
- Zeigefinger: Das habe ich gelernt und werde es weiterhin praktizieren.
- Mittelfinger: Damit habe ich Probleme.
- Ringfinger: Das sind für mich kostbare Erfahrungen.
- Zeigefinger: Das ist bisher zu kurz gekommen.

Rucksack packen

Diese Reflexion eignet sich sehr gut als Abschlussreflexion. Sie folgt der Spielidee von „Ich packe meinen Koffer“. So sollen die Praktikantinnen und Praktikanten all das formulieren, was sie an Erfahrungen mitnehmen wollen und somit in ihren Rucksack packen möchten. Dabei soll aber nicht übersehen werden, was sie nicht einpacken möchten. Auf diese Weise werden auch die negativen Erlebnisse indirekt reflektiert.

3 Der Projektbericht: Phasen der Praktikums-dokumentation

Inhalte der Praktikumsdokumentation

Zum Abschluss der Ausbildung wird ein Praktikumsbericht oder Projektbericht eingefordert, der die Organisation und selbstständige Durchführung eines Projektes und die methodisch-didaktische Planung dokumentiert und die professionelle Vorbereitung, Durchführung und Reflexion belegen soll.

Die Inhalte dieser Praktikumsdokumentation richten sich nach den Aufgabenstellungen der Schulen und Fachakademien. So kann es sich dabei um eine Beobachtungsdokumentation, eine Situationsanalyse oder eine methodisch-didaktische Handlungsdokumentation handeln.

Schließlich werden dann im Berufspraktikum bzw. Anerkennungsjahr nicht mehr nur diese Teilaspekte erfragt, sondern alle bedeutsamen Aspekte des pädagogischen Handelns in einem Projekt in Zusammenhang gebracht. Deshalb spricht man im Berufspraktikum bzw. Anerkennungsjahr häufig von einer Projektdokumentation oder einem Projektbericht statt von einem Praktikumsbericht. Ein Projektbericht gliedert sich in folgende Phasen:

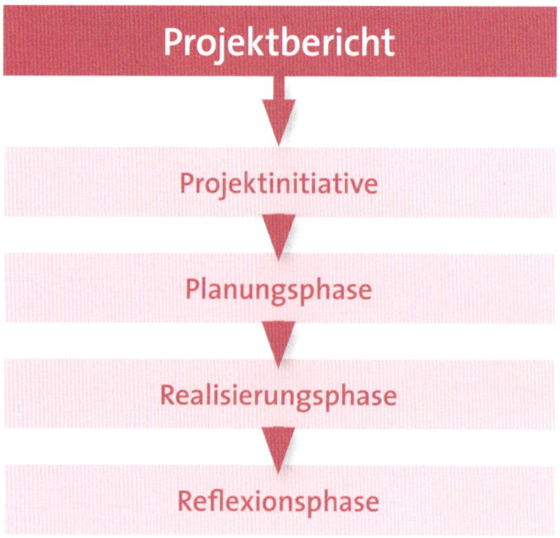

Nachfolgend werden die verschiedenen inhaltlichen Komponenten dargestellt, welche im Praktikumsbericht des Berufspraktikums bzw. Anerkennungspraktikums enthalten sein müssen bzw. in den verschiedenen Praktika, die angehende Erzieherinnen und Erzieher absolvieren, als Einzelaspekt erarbeitet werden.

3.1 Projektinitiative

3.1.1 Einrichtungsbeschreibung

Zu Beginn machen sich Praktikantinnen und Praktikanten mit der Einrichtung vertraut. Folgende Aspekte sind dabei von Bedeutung:

- Beschreibung der Einrichtung: Adresse, Träger, Beschreibung der Umgebung, Aussehen
- Darstellung der Gruppen: Name und Anzahl der Gruppen, Alter der Kinder, Anzahl der Kinder in den Gruppen, Anzahl der betreuenden Personen in der Gruppe
- Personelle Gegebenheiten
- Konzeption und Arbeitsweise der Einrichtung
- Leitsatz

- Praktizierter pädagogischer Ansatz
- Räumliche Gegebenheiten
- Organisatorischer Ablauf in der Einrichtung
- Lage der Einrichtung: Stadt, Dorf, sozialer Brennpunkt usw.
- Familiäre und soziale Situation
- Zusätzliche Angebote, welche in der Einrichtung praktiziert werden
- Teamorganisation

3.1.2 Anlass der Planung

Die Projektinitiative beschreibt den Anlass der Planung für ein Projekt oder eine an den Kindern orientierte und mit den Kindern erarbeitete Aktivitätenreihe. Darin beschäftigen sich die Praktikantinnen und Praktikanten mit den ursächlichen Gründen der Planung.

- Entwicklungsbedarf
- Unfähigkeiten der Kinder
- Ressourcen der Kinder
- Probleme der Kinder
- Formulierte und beobachtete Lerninteressen
- Formulierte und beobachtete Lernwünsche der Kinder
- Berücksichtigung situationsbedingter und aktueller Ereignisse
- Vorgaben der Einrichtung

Die Gründe für den Anlass der Planung ergeben sich aus dem Analyseverfahren (Partizipation der Kinder, Eruierung der Bedürfnisse und Interessen der Kinder).

3.1.3 Analyseverfahren

Bevor ein Projekt beginnen kann, heißt es, ein geeignetes Projektthema zu finden. Dies beinhaltet insbesondere die Eruierung der Bedürfnisse der Kinder. Denn die Partizipation steht an erster Stelle, wenn es um das Gelingen eines Projektes geht. So sollen Praktikantinnen und Praktikanten herausfinden, wofür die Kinder sich langfristig und dauerhaft interessieren. Dazu können folgende Methoden und Analyseverfahren genutzt werden:

- Beobachtungen
- Dokumentationen
- Einzelgespräche
- Einblicke in Portfolios
- Gespräche mit dem Team
- Gespräche mit den Eltern
- Befragung über einen Elternbrief
- Kinderkonferenzen
- Abstimmungsverfahren
- Erhebungen
- Fragebögen
- Entscheidungsgespräche

3.1.4 Themenfindung und Kompetenzformulierung

Projektthema finden

Durch die Auseinandersetzung mit den durchgeführten Analyseverfahren ergibt sich nun für die Praktikantinnen und Praktikanten ein jeweils geeignetes Projektthema, indem sie das, was die Kinder interessiert, was sie bereits wissen und können, mit dem verbinden, was sie noch lernen müssen oder wollen. Bringt man also Interessen und Können der Kinder in Verbindung mit den Bedürfnissen der Kinder, so kristallisiert sich ein geeignetes Projektthema heraus.

Ziele und Teilziele

Der Anlass sollte auf eine angestrebte Kompetenz und auf ein Ziel ausgerichtet sein. Zur Erreichung der Ziele sind unterschiedliche Teilziele notwendig, die sich auf den Ebenen von Kenntnis, Fähigkeit und Haltung oder kognitiv, sozial, motorisch, emotional definieren lassen.

Interessen der Kinder

+ Fähigkeiten (Stärken) der Kinder
+ Bedürfnisse (Schwächen) der Kinder

= geeignetes Projektthema

Nun gilt es, das Projektthema als Kompetenz bzw. Richtziel zu formulieren.

Beispiel: Wir inszenieren und malen eine Klanggeschichte – Projekt zur Förderung von Kreativität, Musikalität und Vorstellungsgabe

3.1.5 Auswahl der Kinder

Nun werden die Kinder im Zusammenhang mit dem Projekt gezielt ausgewählt.

- Welche Kinder haben sich besonders für das Thema interessiert?
- Welche dieser Kinder verfügen über die Fähigkeiten, die für das Projekt notwendig sind?
- Welche Kinder haben die besonderen Bedürfnisse, welche mit diesem Projekt im pädagogischen Sinn aufgegriffen werden können?

3.1.6 Situationsanalyse

Konzeption berücksichtigen

In der Situationsanalyse beginnen die Beteiligten damit, sich über die Ausgangssituation für das Projekt Gedanken zu machen. Dazu sollten die Praktikantinnen und Praktikanten die Konzeption der Einrichtung, die Didaktik und die Methodik berücksichtigen.

1. Situationsanalyse mit Blick auf die Einrichtung

Einrichtung

Die Praktikantinnen und Praktikanten führen sich die Voraussetzungen der Einrichtung vor Augen und versuchen, ihr Angebot, ihre Aktivität, ihre Aktivitätenreihe oder ihr Projekt in der Einrichtung zu verankern.

- Konzeption: Wie lässt sich das geplante Projekt in der Konzeption der Einrichtung verankern?
- Räumlichkeiten: Über wie viele und welche Räumlichkeiten verfügt die Einrichtung? Welche davon sollen genutzt werden?

- **Wochenstruktur:** Wie sieht der organisatorische Ablauf der Einrichtung aus? Wo lässt sich das Projekt in den Ablauf der Tages- und die Wochenstruktur integrieren?
- **Personal:** Wie viele Personen arbeiten in der Einrichtung? Wer könnte hilfreich zur Seite stehen?
- **Lage der Einrichtung:** Wo befindet sich die Einrichtung (Stadt, Dorf, Waldesrand usw.)? Welche Bedeutung hat die Lage der Einrichtung für das Projektthema?
- **Familienstruktur:** Wie sieht der familiäre und soziale Hintergrund der Kinder aus?
- **Bildungs- und Erziehungsempfehlungen der Länder:** Wie lässt sich das Projekt in den entsprechenden Bildungs- und Erziehungsempfehlungen verankern?
- **Pädagogischer Ansatz:** Welchen pädagogischen Ansatz praktiziert die Einrichtung?

2. Situationsanalyse mit Blick auf die Didaktik

Didaktik

Die Praktikantinnen und Praktikanten reflektieren, was die Kinder können, was sie lernen wollen und sollen. Dabei wird die Bedeutung dieser Fähigkeiten, Haltungen und Kenntnisse im aktuellen und im späteren Leben berücksichtigt. Darüber hinaus sollten auch die Ressourcen reflektiert werden, über welche die einzelnen Kinder verfügen. Auch deren Notwendigkeit für den Erwerb neuer Kompetenz wird dabei in den Blick genommen.

Bedeutung der Kompetenzen im aktuellen Leben der Kinder

- Wird die Kompetenz jetzt schon beobachtet? Wenn ja, in welcher Situation?
- Wo, wann und in welchem Zusammenhang können die Kinder die Kompetenz umsetzen, wenn sie diese erworben haben?
- In welchen Zusammenhängen werden die Kinder mit der Kompetenz zu tun haben?
- Wieso ist die Kompetenz in einer jetzigen oder baldigen Situation sinnvoll und bedeutsam für die Kinder?

Fähigkeiten der Teilnehmer im Hinblick auf die Kompetenz

Über welche Fähigkeiten verfügen die Kinder, um die Kompetenz erreichen zu können, ohne sie zu über- oder zu unterfordern?

3. Situationsanalyse mit Blick auf die Methodik

Methodik

Die Praktikantinnen und Praktikanten reflektieren hier die Ressourcen und Interessen der Kinder. Sie sind ausschlaggebend für die Wahl der richtigen Methode zur Durchführung eines Angebotes, einer Aktivität, einer Aktivitätenreihe oder eines Projektes.

Ressourcen der Teilnehmer in Hinblick auf die Methodik

Welche Interessen, Neigungen und Bedürfnisse haben die Kinder? Was kann das Kind gut? Über welche Voraussetzungen (im Rahmen von Kenntnis, Fähigkeit, Haltung), die nichts mit der Kompetenz zu tun haben, verfügen sie?

3.1.7 Projektantrag

Inhalt des Projektantrags

Um Einrichtung und Schule über das Projekt zu informieren und die Genehmigung zur Durchführung zu erhalten, wird ein Projektantrag formuliert. Er beinhaltet den Projekttitel, die Projektdauer, den Projektanlass und die inhaltliche Vorstellung des in den Blick gefassten Projektverlaufs und Projektinhalts.

Projektantrag

- Projekttitel
- Projektdauer
- Projektanlass
- Projektorganisationsgesamtziel
- Inhaltliche Vorstellung des Projektes

Der Projektantrag kann mithilfe eines Formblattes gestellt werden (siehe Vorlage „Projektantrag“, S. 79)

SMART-Formel

Das Projektorganisationsgesamtziel wird mithilfe der SMART-Formel beschrieben.

S	spezifisch	Alle W-Fragen (wer, was, wie, wo) müssen im Projektorganisationsgesamtziel geklärt sein.
M	messbar	Das Ziel muss messbar/überprüfbar sein.
A	akzeptiert	Das Projektziel muss von allen Beteiligten akzeptiert sein.
R	realistisch	Das Projektziel muss realistisch gewählt sein und auch unter erschwerten Bedingungen durchführbar sein.
T	terminiert	Das Projekt hat einen offiziellen Anfang und ein offizielles Ende.

Beispiel: Ein Projektorganisationsgesamtziel könnte wie folgt lauten:
Ich, (Name der Praktikantin bzw. des Praktikanten), werde im Rahmen meines Praktikums in der Zeit vom ... bis ... ein Projekt zum Thema „Wir inszenieren und malen eine Klanggeschichte – Projekt zur Förderung von Kreativität, Musikalität und Vorstellungsgabe“ mit fünf ausgewählten Vorschulkindern durchführen. Das Projekt besteht aus acht Aktivitäten, welche sich die Kinder zu diesem Thema ausgewählt haben und die aufeinander aufbauen. Die Aktivitäten finden ab dem ... jeden Dienstag in Folge von 10:00 Uhr bis 10:45 Uhr statt. Ob unser Projekt erfolgreich umgesetzt wurde, wird an einer geplanten Aufführung am Samstag, dem ... um 16:00 Uhr in unserer Einrichtung ersichtlich. ...

3.2 Planungsphase

3.2.1 Didaktische Analyse

In der Planungsphase gilt es für die Praktikantinnen und Praktikanten, nun im Rahmen eines kleinen Projektes, die einzelnen Aktivitäten gemeinsam mit den Kindern inhaltlich und zeitlich zu planen. Dabei ist die Partizipation der Kinder oberstes Gebot. Dennoch sollte die anvisierte Kompetenz nicht aus den Augen verloren werden. Zudem sind geeignete und für die Kinder ansprechende Methoden zu recherchieren und zu eruieren. Sie sollten die Kinder weder unterfordern noch überfordern und sie gleichzeitig begeistern und fesseln.

Kinderkonferenz

Um einen Einblick in die Vorstellungen und methodischen Bedürfnissen der Kinder im Zusammenhang mit dem Projekt zu erhalten, empfiehlt es sich, eine sogenannte Kinderkonferenz durchzuführen, um die Vorstellungen der Kinder über das Projekt besser erfassen zu können. Darüber hinaus stehen folgende Fragen im Mittelpunkt:

- Formulierung der übergeordneten Kompetenz bzw. des Richtziels
- Inhaltliche und zeitliche Planung gemeinsam mit den Kindern
- Klärung von Methoden, welche die Kinder sich wünschen, z. B. singen, malen, tanzen, musizieren, darstellen, bewegen, spielen usw.
- Methodenrecherche, um das Bedürfnis der Kinder zu befriedigen
- Aktivitätenrecherche im Sinne des Projektthemas im Hinblick auf die eingeforderten Methoden, z. B. passende Lieder zum Thema
- Aktivitätenrecherche im Sinne der anvisierten Kompetenz, z. B. welche der zum Projektthema passenden Lieder auch die Kompetenz fördern
- Aktivitätenrecherche, auch im Sinne eines erweiterten Bedürfnisses der Kinder, sich im Verlauf des Projektes mit dem Thema (tiefergehend) zu befassen
- Formulierung der Kompetenz, des Ziels, des Grobziels für die einzelnen Aktivitäten
- Formulierung der Teilaspekte in Zusammenhang zu den Zielen auf den Ebenen: Kenntnis, Fähigkeit, Haltung oder Formulierung von Feinzielen auf den Ebenen kognitiv, motorisch, emotional, sozial

In der Erarbeitung der Projektinhalte soll in Form von Aktivitäten eine gelungene Kombination zwischen Partizipation der Kinder, ganzheitlichem Ansatz und Lernzielorientierung erreicht werden. Dazu ist es auch wichtig, sich mit den theoretischen Sachverhalten und Zusammenhängen zu befassen. Deshalb ist eine Sachanalyse durchzuführen.

3.2.2 Sachanalyse

Bei einer Sachanalyse beschäftigen sich die Praktikantinnen und Praktikanten auf theoretischer bzw. wissenschaftlicher Ebene mit ihrem Projekt. Das bedeutet, sie nehmen Folgendes in den Blick:

- Die in der übergeordneten Kompetenz angesprochenen Sachthemen und pädagogischen Themen
- Die didaktische Reduktion des komplexen Sachthemas auf die kindliche Ebene
- Den gewählten pädagogischen Ansatz und/oder auch den psychologischen Ansatz

3.2.3 Kooperationspartner

Beratung und Unterstützung

Es gilt nun, sich Gedanken über Kooperationspartner zu machen. Einerseits können geeignete Kooperationspartner die Praktikantinnen und Praktikanten zusätzlich mit professionellen Informationen zu ihrem Thema versorgen und das Projekt professionell unterstützen. Darüber hinaus können sie Praktikantinnen und Praktikanten bei der Erarbeitung und inhaltlichen Ausgestaltung einer Aktivität behilflich sein und sie unterstützen. Kooperationspartner haben somit beratende Funktion, aber auch eine authentische anschauliche Funktion.

Beispiel: Es ist ein großer Unterschied, ob man in der Gruppe beispielsweise immer nur von Feuerwehrleuten in einem Feuerwehrauto spricht oder echte Feuerwehrleute in der Einrichtung zu Gast waren. Noch anschaulicher ist es, wenn die Gruppe gar ins Feuerwehrhaus eingeladen wird und die Kinder im Feuerwehrauto Platz nehmen dürfen und dabei einen Feuerwehrhelm tragen.

Um solche Erlebnisse zu ermöglichen und Kooperationspartner zu gewinnen, muss Folgendes geklärt werden:

- Zum Projektthema passende Kooperationspartner finden und eine Auflistung erstellen
- Kontaktaufnahme mit den eventuellen Kooperationspartnern
- Entscheidung für einen Kooperationspartner
- Absprachen treffen: Klärung der Erwartungen und Aufgaben mit dem Kooperationspartner
- Klärung, wo die kooperative Arbeit stattfindet: Besucht die Einrichtung den Kooperationspartner oder umgekehrt?

3.2.4 Organisation mit Werkzeugen des Projektmanagements

Um das Projekt zeitlich und organisatorisch in den Griff zu bekommen, werden bei der Projektplanung auf organisatorischer Ebene Werkzeuge des Projektmanagements genutzt: Stakeholder-Analyse, Projektstrukturplan, Projektzeitplan.

Stakeholder-Analyse

Interessengruppen identifizieren

Im Rahmen der sogenannten Stakeholder-Analyse (engl. stakeholder: Mitglied einer Interessengruppe) wird überlegt, wer und was das Projekt beeinflussen kann, wer und was in das Projekt involviert ist, und wie groß die Gefahr ist, dass einzelne Beteiligte negativen Einfluss auf das Projekt nehmen könnten.

Um aufzulisten, wer die Stakeholder eines Projekts sind, welchen Einfluss sie haben, wie sie sich voraussichtlich verhalten werden und welche Maßnahmen dafür oder dagegen zu ergreifen sind, kann die Vorlage „Personelle Stakeholder" auf S. 80 hilfreich sein.

Personelle Stakeholder

Stakeholder: Frau Mustermann		
Einfluss der Person	**Erwartetes Verhalten**	**Maßnahmen**
Hier wird überlegt, welchen Einfluss die Person auf das Projekt haben könnte: • Betroffen (B): Ob die Person nur betroffen ist? • Förderlich (F): Ob sie Förderer sein wird und das Projekt unterstützt? • Mächtig (M): Ob sie die Macht hat, das Projekt scheitern zu lassen? • Dagegen (G): Ob sie Gegner ist und das Projekt im Voraus ablehnt und die Arbeit in keiner Weise unterstützt?	Hier wird überlegt, welches Verhalten von dieser Person im • positivsten Sinn erwartet (P: ...) oder • im negativsten Fall befürchtet (N: ...) werden muss.	Hier wird überlegt, welche Maßnahmen ergriffen werden müssen, damit die Personen dem Projekt zustimmen und es unterstützen.

Sachliche Stakeholder

Materialien identifizieren

Neben den beteiligten Personen können auch Gegenstände, Sachen und Materialien einen erheblichen Einfluss auf das Gelingen eines Projektes haben. Deswegen sollte auch hier rechtzeitig eine Analyse stattfinden.

Sachliche Stakeholder	Maßnahmen
Artikel Mustersache	Was muss getan werden, damit der Gegenstand, die Sache oder das Material am Tag, an dem Gegenstand, Sache oder Material benötigt wird, an Ort und Stelle vorhanden ist?

Beispiel:

Sachliche Stakeholder	Maßnahmen
Bilderbuch	In Bibliotheken recherchieren und ausleihen
Malmaterialien	Vorhandenes sichten und reservieren, nicht Vorhandenes besorgen
Musikinstrumente	Sichten, auswählen und für die Termine blockieren
Kostüme	Eltern für Kostüme ansprechen und im Elternbrief darauf hinweisen
Förderraum	Für die notwendigen Tage reservieren

Was beachtet werden muss, damit der Gegenstand, die Sache oder das Material, z. B. Farben, Pinsel, Instrumente, Kostüme, zur richtigen Zeit am richtigen Ort vorhanden ist, kann mithilfe der Vorlage „Sachliche Stakeholder" auf S. 81 aufgelistet und für alle Beteiligten zugänglich gemacht werden.

Projektstrukturplan

Ordnungssystem

Der Projektstrukturplan wird erstellt, um alle notwendigen organisatorischen Ziele in ein Ordnungssystem zu bringen. Dabei werden Ergebnisziele und Vorgehensziele unterschieden. Die Ergebnisziele sind die übergeordneten Ziele. Die Vorgehensziele sind den Ergebniszielen untergeordnet. Sie beschreiben die einzelnen Teilziele, um das Ergebnisziel zu erreichen. Sowohl das Ergebnisziel (EZ) als auch die Vorgehensziele (VZ) werden mithilfe der SMART-Formel (siehe S. 67) formuliert.

Die jeweiligen Ergebnisziele und Vorgehensziele können mithilfe der Vorlagen „Projektstrukturplan" auf S. 82 und „Projektstrukturplan – Zuordnung" auf S. 83 zusammengefasst werden.

Beispiel: Projektstrukturplan

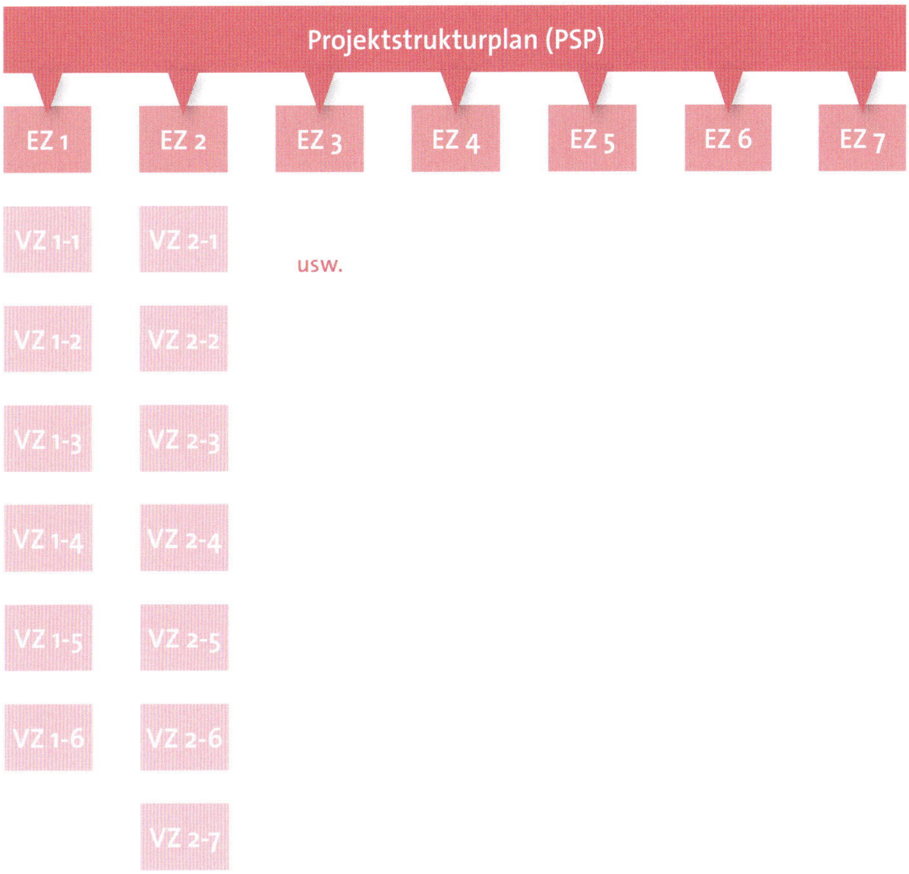

Ergebnisziele und Vorgehensziele mit Zuordnung

Beispiel: Zuordnung im Projektstrukturplan

Projektstrukturplan	
Ergebnisziel 1	Zuordnung im PSP
Alle am Projekt beteiligten Personen haben ihre Zustimmung zur Durchführung bis zum (Datum) erteilt.	
Vorgehensziele zu Ergebnisziel 1	
Die Anleitung wurde über das Projektvorhaben informiert und hat ihre Zustimmung zur Durchführung bis zum (Datum) erteilt.	VZ1-1
Die Leitung wurde über das Projektvorhaben informiert und hat ihre Zustimmung zur Durchführung bis zum (Datum) erteilt.	VZ1-2
Der Träger wurde über das Projektvorhaben informiert und hat seine Zustimmung zur Durchführung bis zum (Datum) erteilt.	VZ1-3
Die Kinder wurden über das Projektvorhaben informiert und haben bis zum (Datum) die Bereitschaft beim Projekt dabei zu sein gezeigt.	VZ1-4
Das Team wurde über das Projektvorhaben bis zum (Datum) informiert und hat seine Unterstützung bis zum (Datum) zugesagt.	VZ1-5
Die Eltern wurden über das Projektvorhaben informiert und haben bis zum (Datum) zugestimmt.	VZ1-6
Ergebnisziel 2	Zuordnung im PSP
Alle notwendigen Räume stehen zur Verfügung und sind für die Durchführung der Aktivität hergerichtet.	
Vorgehensziele zu Ergebnisziel 2	
Der Musikraum ist für den (Datum) blockiert.	VZ2-1
Der Kunstraum ist für den (Datum) blockiert.	VZ2-2
Die notwendigen Materialien liegen am (Datum) im Musikraum bereit.	VZ2-3
Die notwendigen Materialien liegen am (Datum) im Kunstraum bereit.	VZ2-4
Stühle in der Anzahl der Kinder stehen im Kunstraum am (Datum) bereit.	VZ2-5
Sitzkissen in der Anzahl der Kinder liegen am (Datum) im Musikraum bereit.	VZ2-6
Ein Arbeitstisch, an dem alle beteiligten Kinder arbeiten können, steht am (Datum) im Kunstraum bereit.	VZ2-7
Ergebnisziel 3	Zuordnung im PSP
Die Eltern haben ihre Zustimmung für die Teilnahme ihrer Kinder bis zum (Datum) gegeben.	

Ergebnisziel 4	Zuordnung im PSP
Ein geeigneter Kooperationspartner steht bis zum (Datum) zur Verfügung.	
Ergebnisziel 5	**Zuordnung im PSP**
Alle notwendigen Materialien sind bis zum (Datum) besorgt.	
Ergebnisziel 6	**Zuordnung im PSP**
Alle notwendigen sachlichen und methodisch didaktischen Vorbereitungen wurden bis zum (Datum) getroffen.	
Ergebnisziel 7	**Zuordnung im PSP**
Alle Sicherheitsvorkehrungen wurden bis zum (Datum) getroffen.	

Projektzeitplan

Zeitliche Reihenfolge

Im Projektzeitplan werden die Vorgehensziele in eine zeitliche Reihenfolge gebracht. Das frühste Vorgehensziel, das zu erledigen ist, steht ganz oben, das letzte ganz unten. Wann und im Rahmen welcher Zeitspanne Vorgehensziele erledigt werden müssen, geben die eingefärbten Zellen an (siehe Beispiel). Kleine Sterne markieren Meilensteine. Ist ein Meilenstein erreicht, sind erneute Absprachen zwischen den beteiligten Personen notwendig. Auch sollte hier überprüft werden, ob zusammenhängende Vorgehensziele erledigt wurden.

Beispiel: Projektzeitplan

	Tag oder Kalenderwoche									
Vorgehens-ziel	1	2	3	4	5	6	7	8	9	...
VZ1-1	■	■								
VZ1-2			■							
VZ1-3			■	★						
VZ1-4				■	■	■				
VZ1-5							■	★		
VZ1-6								■	■	
VZ2-1									■	
VZ2-2									★	
...										

Zur Erstellung des Projektzeitplans kann Vorlage „Projektzeitplan“ auf S. 84 genutzt werden.

3.2.5 Analyse und Planung der methodischen Vorgehensweise

In dieser Phase des Projekts gilt es nun, die für die Kinder attraktiven Aktivitäten nach deren Wunsch zusammenzustellen, organisatorisch zu planen und sie methodisch-didaktisch vorzubereiten. Dabei darf das Thema und die zu erreichende Kompetenz nicht aus dem Auge verloren werden. Organisatorisch planen bedeutet in diesem Fall,

- zeitliche Rahmenbedingung der Aktivität zu klären,
- Materialien abzuklären, zu besorgen, herzustellen und bereitzulegen,
- notwendige Räumlichkeiten abzusprechen und zu reservieren,
- Medien zu organisieren und bereitzustellen.

Sitzordnung

Außerdem ist es wichtig, Stühle und Tische in der notwendigen Anzahl der Kinder im Raum zur Verfügung zu haben und die pädagogisch notwendige Sitzordnung sowie die Stellung von Tischen und Stühlen in Bezug zu Fenster, Tür und anderen Ablenkungen zu überdenken.

Methodisch-didaktisch planen bedeutet, einzelne methodische Arbeitsschritte in der Durchführung der Aktivität zu planen und diese didaktisch zu begründen. Zwei Fragen stehen dabei im Mittelpunkt:

- Was wird gemacht?
- Mit welchem pädagogischen Ziel?

Methodisch-didaktische Verlaufsplanung	Didaktische Begründung
↓	↓
Wie sind die Schritte des Ablaufs? Methode? Was wird getan?	Was soll mit dem Vorgehen erreicht werden?

Mithilfe von Vorlage „Methodisch-didaktische Verlaufsplanung einer Aktivität“ auf S. 88 lassen sich die organisatorische Planung und die methodisch-didaktische Planung tabellarisch verschriftlichen und darstellen. Die Vorlage „Rückmeldung zu geplanter Aktivität“, S. 89, hilft bei der Planung und Dokumentation.

3.3 Realisierungsphase

Projektdurchführung

Eine gute Aktivitätenplanung und Projektplanung sorgt für ein gutes Gelingen. Dennoch kann es immer wieder zu unvorhergesehenen Schwierigkeiten kommen. Diese Störungen müssen die Beteiligten flexibel in den Griff bekommen und gleichzeitig die Interessen der Kinder wahren. Dabei darf das eigene, sich gesetzte pädagogische Ziel nicht aus dem Blick verloren werden.

Umwege einplanen

Diese Ziele sind immer auch über Umwege erreichbar. Solche Umwege können auch gegebenenfalls von den Kindern eingefordert werden, um das gesteckte Ziel erreichen zu können. Sobald eine Aktivität im Rahmen eines Projektes bewältigt wurde, muss jede einzelne Aktivität reflektiert werden. Dazu sollten unterschiedliche Ebenen reflektiert werden:

- Planung/Durchführung: War die Planung passend? Gab es Abweichungen? Warum gab es Abweichungen?
- Bedürfnisse der Kinder: Waren die Bedürfnisse der Kinder im Fokus der Planung? Hatten die Kinder andere Bedürfnisse? Wie wurde darauf reagiert?
- Zielerreichung: Wurde das pädagogische Ziel bzw. die Kompetenz erreicht? Warum wurde das pädagogische Ziel bzw. die Kompetenz nicht erreicht?
- Eigenes Verhalten/Handeln: Wie hat man selbst sich in bestimmten Situationen verhalten? Wie hat man in bestimmten Situationen gehandelt? Warum hat man so gehandelt und warum hat man sich so verhalten?
- Konsequenzen für das weitere pädagogische Handeln: Welche Schlüsse werden aus den oben genannten Erkenntnissen für das weitere Handeln gezogen?

3.4 Reflexionsphase

3.4.1 Gesamtreflexion

Gesamtreflexion

Im Rahmen der Gesamtreflexion gilt es nun, das zusammenhängende Projekt in seiner Gesamtheit zu reflektieren. Das geschieht auf folgenden Ebenen:

- Planung/Durchführung: War die Planung passend? Gab es Abweichungen? Warum gab es Abweichungen?
- Bedürfnisse der Kinder: Waren die Bedürfnisse der Kinder im Fokus der Planung? Hatten die Kinder andere Bedürfnisse? Wie wurde darauf reagiert?
- Zielerreichung: Wurde die übergeordnete Kompetenz bzw. das Richtziel erreicht? Warum wurde die übergeordnete Kompetenz bzw. das Richtziel nicht erreicht?
- Eigenes Verhalten/Handeln: Wie hat man selbst sich im Laufe des Projektes entwickelt?
- Konsequenzen für das weitere pädagogische Handeln: Welche Schlüsse werden aus den oben genannten Erkenntnissen für weitere Projekte und für das weitere pädagogische Handeln gezogen?

- Ausblick auf weitere Förderung der ausgewählten Kinder: Welche neuen Beobachtungen wurden gemacht? Was könnten in diesem Zusammenhang neue pädagogische Ziele sein?
- Überlegungen zur Nachhaltigkeit des Projektes: Besteht die Möglichkeit, das Projekt weiterzuführen, es auszubauen oder es weiterzuentwickeln? Ergeben sich durch das Projekt nachhaltige Verbindungen zwischen Einrichtung und Kooperationspartner?

3.4.2 Präsentation des Projektes

Den Abschluss eines jeden Projektes sollte die Präsentation des Projektes bilden. Diese Präsentation kann:

- Teil des Gesamtprojektes sein: Die Kinder präsentieren ihren Eltern zum Abschluss ihr Projekt durch Fotos, Plakate, Endergebnisse im Rahmen eines kleinen Projektabschlussfestes.
- Teil der Elternarbeit sein: Den Eltern wird das Projekt durch Fotos, Plakate, Filme präsentiert. Sie erfahren, wie umfangreich das Projekt war und was ihre Kinder in diesem Projekt geleistet haben.
- Teil der Teamarbeit sein: Das Team erhält durch Fotos, Filme und Präsentation einen Eindruck vom Inhalt und vom Umfang des Projektes, sowohl was die Organisation und Durchführung als auch das Ergebnis angeht.
- Öffentlichkeitsarbeit: Durch eine Darstellung des Projektes außerhalb der Einrichtung, z. B. ein Zeitungsbericht oder eine Ausstellung, erfahren Personen, welche nicht in das Projekt involviert waren, etwas über den Projektinhalt und das Projektergebnis. Dadurch wird die Arbeit der Einrichtung auch in der Öffentlichkeit transparent und eröffnet gegebenenfalls Möglichkeiten für neue Kooperationen.

3.4.3 Erarbeitung eines Anhangs

Jede Projektarbeit und Praktikumsdokumentation sollte über einen Anhang verfügen. Dieser Anhang veranschaulicht die eigene Arbeit, die Arbeit der Kinder und die Ergebnisse. Fotos, gedrehte Videos, Elterninfos oder Informationsmaterial über die Arbeitsmaterialien können in diesem Zusammenhang die Dokumentation abrunden.

4 Arbeitsbögen und Vorlagen

Ausbildungsplan: Praktikumsinhalte

Leistungsbereich	Kompetenz	Individuelle Tätigkeiten

Projektantrag

Praktikant/-in:	
Thema:	
Projektbeginn:	Projektende:
Projektbegründung:	
Projektorganisationsgesamtziel:	
Inhaltliche Vorstellung des Projektes:	

Personelle Stakeholder

Stakeholder	Einfluss der Person betroffen (B), förderlich (F), mächtig (M), dagegen (G)	Erwartetes Verhalten positiv (P: ...), negativ (N: ...)	Maßnahmen

Sachliche Stakeholder

Sachliche Stakeholder	Maßnahmen

Projektstrukturplan

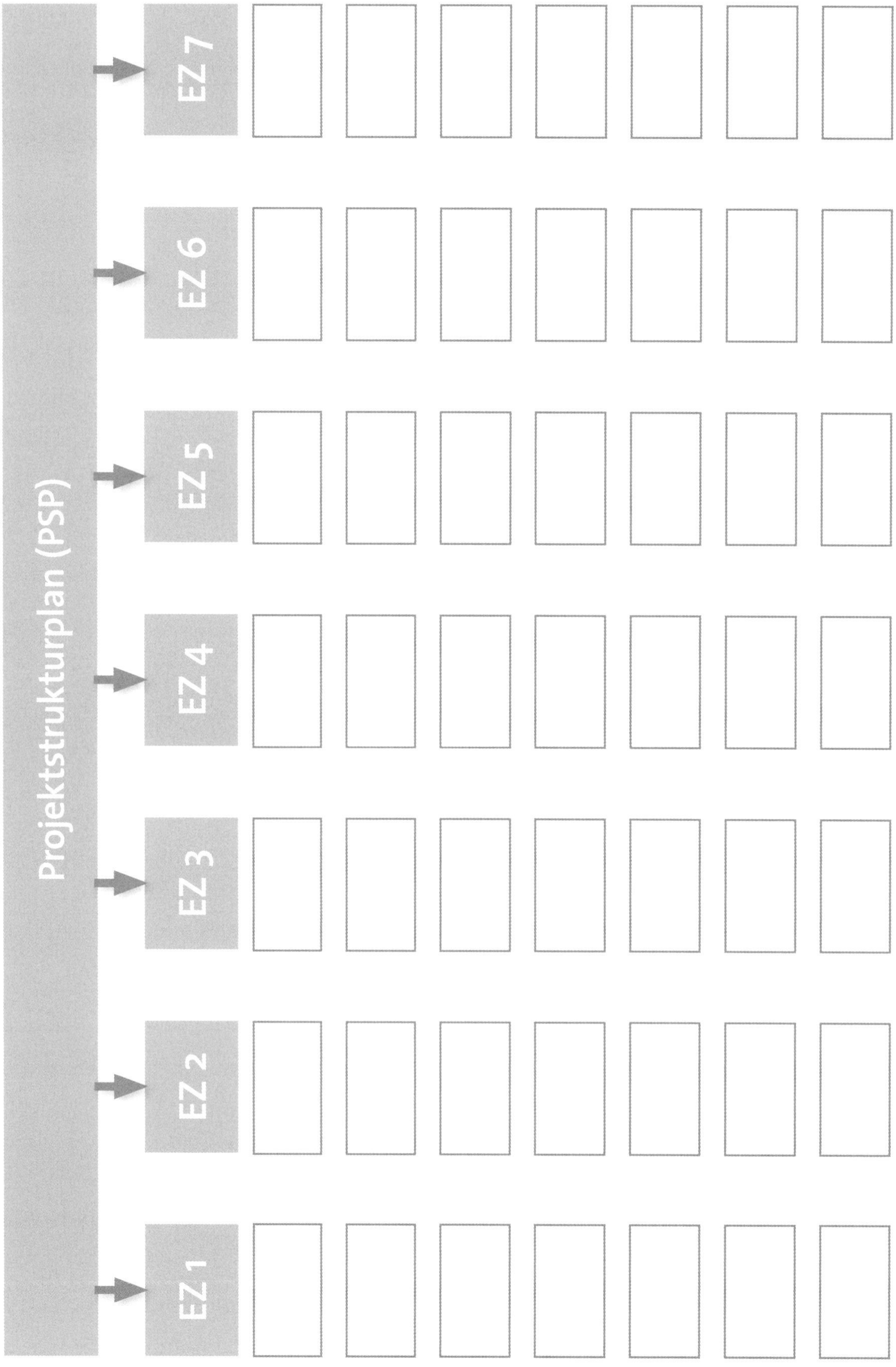

Projektstrukturplan – Zuordnung

Projektstrukturplan (PSP)	
Ergebnisziel	Zuordnung im PSP
Vorgehensziele zu Ergebnisziel	
Ergebnisziel	Zuordnung im PSP
Vorgehensziele zu Ergebnisziel	

Projektzeitplan

Tag oder Kalenderwoche

Vorgehensziel

Bewertung der berufspraktischen Ausbildung

Bewertung der berufspraktischen Ausbildung	
Einrichtung:	
Schulanschrift:	Stempel:
Während des Praktikums waren nachfolgende Aufgaben zu erfüllen: Beurteilungen der Leistungen sind in Sätzen zu beschreiben.	
Dienstauffassung und Engagement:	
Beziehungsgestaltung:	
Team:	

Bewertung der berufspraktischen Ausbildung
Erziehungspartnerschaft:
Gestaltung des erzieherischen Alltags:
Zielorientiertes Arbeiten:
Selbstkompetenz und Selbstreflexion:
Organisation und Verwaltung:

Bewertung der berufspraktischen Ausbildung

Öffentlichkeitsarbeit/Arbeit in sozialen Netzwerken:

Besondere Fähigkeiten:

Endbeurteilung des Praktikums:

Orientierungspraktikum ☐

Erprobungspraktikum ☐

Verselbstständigungspraktikum ☐

Berufspraktikum bzw. Anerkennungsjahr ☐

Praktikant/-in: ....

Praktikumszeitraum: ....

Praxisanleiter/-in: ....

Datum: .... Note: ....

Unterschrift Praxisanleiter/-in

Kenntnisnahme Praktikant/-in

Methodisch-didaktische Verlaufsplanung einer Aktivität

	Methodische Verlaufsplanung Wie ist der Ablauf? Methode?	**Didaktische Begründung** Was wollen Sie damit erreichen?	**Material/Raum/Medien**
Einführungsphase			
Hauptphase			
Schlussphase			

Rückmeldung zu geplanter und durchgeführter Aktivität

Praktikant/-in:
Thema:
Rückmeldung zur Planung: Beurteilungen der Leistungen sind in Sätzen zu beschreiben.
Rückmeldung zur Durchführung:
Rückmeldung zur Eigenreflexion:
Zielvereinbarungen für die nächste Aktivitätsdurchführung:

Gesprächsprotokoll

Datum: ....

Uhrzeit: ....

Gesprächspartner: ....

Form des Gesprächs (entsprechend ankreuzen):

Beratungsgespräch ☐

Reflexionsgespräch ☐

Konfliktgespräch ☐

Anleitungsgespräche/Regelgespräche ☐

Abschlussgespräch ☐

Feedbackgespräch ☐

Beurteilungsgespräch ☐

Inhalt:

Zielvereinbarungen/Gesprächsvereinbarung:

Nächster Termin: ....

....

Unterschrift Praxisanleiter/-in Kenntnisnahme Praktikant/-in

Praktikumsvereinbarung

Vereinbarung zwischen dem Träger/der Praktikumsstelle

....

und der Praktikantin/dem Praktikanten

Name, Vorname: ....

Geburtsdatum: ....

Geburtsort: ....

Wohnort: ....

Straße, Hausnummer: ....

wird Folgendes vereinbart:

Die Praktikantin/der Praktikant führt in der Zeit von .... bis ....

ein Praktikum in der Einrichtung .... durch.

Adresse der Einrichtung: ....

Eine Vergütung wird seitens des Trägers in Höhe von .... EUR gezahlt/nicht gezahlt.

Bei der Ausbildung zum Erzieher bzw. zur Erzieherin handelt es sich um eine schulische Ausbildung. Die Praktikantin/der Praktikant in der schulischen ErzieherInnenausbildung hat keinen Rechtsanspruch auf Vergütung. Im Anschluss an die Ausbildung findet in der Regel ein einjähriges Berufspraktikum zur staatlichen Anerkennung der Ausbildung statt. Dieses Praktikum wird vergütet.
Der Inhalt des Praktikums wird zwischen Anleitung/PraktikantIn/Schule vereinbart. Der Inhalt findet seinen Niederschlag in einem individuellen Ausbildungsplan.
Für die Dauer des Praktikums ist eine Wochenarbeitszeit von .... Stunden vereinbart.
Bei Erkrankung ist die Einrichtung und die Schule sofort in Kenntnis zu setzen. Die Erkrankung muss mit einer Arbeitsunfähigkeitsbescheinigung belegt werden.
Was die Versicherung der Praktikantin/des Praktikanten angeht, gilt die „Arbeitshilfe zur versicherungsrechtlichen Beurteilung der Praktika von Erzieherinnen und Erziehern“, abrufbar unter:

www.deutsche-rentenversicherung.de/cae/servlet/contentblob/329678/publicationFile/63574/november_2013_top_3_anlage.pdf [Stand: 2017]

Die Praktikumstelle versichert, die ihr zugewiesenen Aufgaben verantwortungsvoll zu übernehmen. Die Praktikantin/der Praktikant verpflichtet sich in ihrem/seinem Praktikum zu:

....

....

Ort, Datum: ....

....

Unterschrift Praxisanleiter/-in — Unterschrift Praktikant/-in; ggf. Erziehungsberechtigte/-r

Feedbackbogen: PraktikantIn – Anleitung

Feedback

Ich hatte in der Einrichtung Erprobungs- und Lernentwicklungsmöglichkeiten.

☐ immer ☐ meistens ☐ häufig ☐ gelegentlich ☐ selten

Die Anleitung stand mir immer mit Rat und Tat zu Seite und war für mich da.

☐ immer ☐ meistens ☐ häufig ☐ gelegentlich ☐ selten

Gespräche fanden regelmäßig statt und haben mir weitergeholfen.

☐ immer ☐ meistens ☐ häufig ☐ gelegentlich ☐ selten

Was mir auf der Seele brennt:

Verbesserungsvorschläge:

Ich würde die Einrichtung an andere Praktikantinnen und Praktikanten weiterempfehlen/nicht weiterempfehlen, weil:

Vereinbarung bei Praktikumsbeginn

Vereinbarung

zwischen der Anleitung/Einrichtung

....

und der Praktikantin/dem Praktikanten

Name, Vorname: ....

Geburtsdatum: ....

Geburtsort: ....

Wohnort: ....

Straße, Hausnummer: ....

wird Folgendes vereinbart:

1. Die Anleitungsgespräche finden regelmäßig, d. h. ...., statt und dauern ....
2. Fällt das Gespräch aus, wird ein Nachholtermin vereinbart.
3. Die Teilnahme ist verpflichtend.
4. Die Gesprächsinhalte unterliegen der Schweigepflicht.
5. Die Praktikantin/der Praktikant bereitet sich schriftlich auf das Gespräch vor und sammelt von Treffen zu Treffen Fragen zu Situationen, deren Bewältigung im Alltag im Rahmen eines Tür-und-Angel-Gespräches nicht bewältigt werden können.
6. Das Anleitungsgespräch orientiert sich an aktuellen Situationen des Alltags:
   - Reflexion des Berufsalltags in der Arbeit mit Kindern und daraus gemachten positiven und negativen Erfahrungen.
   - Reflexion von Kommunikation, Kooperation und Beziehungsgestaltung in Zusammenhang mit Kindern, Team und Eltern.
   - Reflexion der eigenen Person: Auseinandersetzung mit dem eigenen Handeln, den eigenen Gefühlen, mit der eigenen Werthaltung im beruflichen Alltag.
   - Erörterung von Fachfragen, Organisationsfragen und Rechtsfragen
7. Das Anleitungsgespräch gibt Rückmeldung, klärt Unklarheiten und Unsicherheiten, gibt Hilfestellung und Orientierung und motiviert.

Ort, Datum: ....

....

Unterschrift Praxisanleiter/-in Unterschrift Praktikant/-in

Reflexionsbogen „Praktikum“

Der Reflexionsbogen dient als Hilfestellung im Rahmen der Anleitung. Anleitung und Praktikantin bzw. Praktikant bearbeiten ihn getrennt voneinander pro Praktikum wenigstens einmal. Im Rahmen des Berufspraktikums bzw. Anerkennungsjahres sollte er vierteljährlich zum Einsatz kommen.

Der Reflexionsbogen ermöglicht eine Rückmeldung in verschiedenen Leistungsbereichen und regt einen konstruktiven Dialog zwischen Anleitung und Praktikantin bzw. Praktikant an. Gleichzeitig macht er aber auch durch Selbstreflexion die Divergenz zwischen Fremdeinschätzung und Selbsteinschätzung bewusst. Dabei werden die Kritikfähigkeit weiterentwickelt und neue Entwicklungsziele in den Blick gestellt. Darüber hinaus erfahren Praktikantinnen und Praktikanten im Gespräch mit der anleitenden Person über den ausgefüllten Bogen, wie ihre Arbeit in der Einrichtung gesehen wird. Sie besprechen, was bereits hervorragend gelingt und woran noch gearbeitet werden muss.

Aufgrund der unterschiedlichen Anforderungen der Schulen lassen sich keine einheitlichen Reflexionsbögen für die unterschiedlichen Praktika erstellen. Deshalb unterscheidet dieser Reflexionsbogen nicht das Orientierungspraktikum, Erprobungspraktikum, Verselbstständigungspraktikum und Berufspraktikum bzw. Anerkennungsjahr. Vielmehr listet er bedeutsame Aspekte auf, welche angehende Erzieherinnen und Erzieher im Laufe ihrer Entwicklung beherrschen sollten.

Der Reflexionsbogen kann bei allen Praktika eingesetzt werden. Dabei sollte jedoch gerade bei den ersten Bearbeitungen des Bogens durch Anleitung und Praktikantin bzw. Praktikant bedacht werden, dass noch nicht alle Kriterien erfüllt werden können. Entsprechende Aspekte werden deshalb nicht ausgefüllt und unbearbeitet gelassen. Erst im Berufspraktikum bzw. Anerkennungsjahr kann der Bogen vervollständigt werden.

Erklärung

Grad	in Prozent	Skalenwert
Die Aussage/Handlung trifft immer zu.	100 – 90 %	☒ ☒ ☒ ☒ ☒ ☒
Die Aussage/Handlung trifft meistens zu.	89 – 79 %	☒ ☒ ☒ ☒ ☒ ☐
Die Aussage/Handlung trifft häufig/mit Einschränkungen zu.	78 – 68 %	☒ ☒ ☒ ☒ ☐ ☐
Die Aussage/Handlung trifft ansatzweise/ gelegentlich zu.	67 – 50 %	☒ ☒ ☒ ☐ ☐ ☐
Die Aussage/Handlung trifft kaum/selten zu.	49 – 30 %	☒ ☒ ☐ ☐ ☐ ☐
Die Aussage/Handlung trifft nicht/nie zu.	bis 29 %	☒ ☐ ☐ ☐ ☐ ☐

Reflexionsbogen Praktikum

Dienstauffassung und Engagement

Sie/er ist zuverlässig, hält Zeiten ein und ist immer pünktlich.	☐ ☐ ☐ ☐ ☐ ☐
Sie/er ist interessiert am Ablauf/Geschehen des Kita-Alltags und zeigt Bereitschaft zur Mitarbeit in der Einrichtung.	☐ ☐ ☐ ☐ ☐ ☐
Sie/er zeigt Engagement, Motivation und Einsatzfreude und ist bereit, bei Engpässen einzuspringen.	☐ ☐ ☐ ☐ ☐ ☐
Sie/er hält sich an Absprachen, ist verlässlich und verantwortungsbewusst in der Umsetzung der ihr/ihm anvertrauten Aufgaben.	☐ ☐ ☐ ☐ ☐ ☐
Sie/er verhält sich offen und fair.	☐ ☐ ☐ ☐ ☐ ☐
Sie/er beendet begonnene Arbeiten.	☐ ☐ ☐ ☐ ☐ ☐
Sie/er erkennt Notwendigkeiten und übernimmt anfallende Aufgaben von selbst, ohne dass man darauf hinweisen muss und bewältigt diese.	☐ ☐ ☐ ☐ ☐ ☐
Sie/er bringt sich motiviert und mit Eigeninitiative in die Bewältigung von Arbeitsabläufen, die über das Gruppengeschehen hinausgehen, ein.	☐ ☐ ☐ ☐ ☐ ☐
Sie/er beherrscht den Einrichtungsalltag, kennt die Arbeitsstrukturen und Abläufe in der Gruppe und in der Einrichtung und richtet ihr/sein eigenes Handeln danach aus.	☐ ☐ ☐ ☐ ☐ ☐
Sie/er findet sich in den einzelnen Abteilungen der Kita zurecht.	☐ ☐ ☐ ☐ ☐ ☐
Sie/er erledigt die Arbeitsaufträge der Schule selbstständig.	☐ ☐ ☐ ☐ ☐ ☐
Sie/er geht verantwortungsbewusst mit sensiblen Daten und Informationen um (Datenschutz, Schweigepflicht, vertrauliche Absprachen im Team).	☐ ☐ ☐ ☐ ☐ ☐
Sie/er geht pflichtbewusst mit vertraulichen Informationen um.	☐ ☐ ☐ ☐ ☐ ☐
Sie/er organisiert eigene Tätigkeiten sorgfältig und angemessen (Zeit-, Ressourcen-, Personenmanagement).	☐ ☐ ☐ ☐ ☐ ☐
Sie/er geht angemessen mit schwierigen Bedingungen, Situationen und Misserfolgen um.	☐ ☐ ☐ ☐ ☐ ☐
Sie/er übernimmt Verantwortung für das eigene Tun.	☐ ☐ ☐ ☐ ☐ ☐
Sie/er ist belastbar und behält auch in schwierigen Situationen die Nerven.	☐ ☐ ☐ ☐ ☐ ☐
Sie/er nimmt Möglichkeiten wahr, bei Kollegen zu hospitieren, um daraus zu lernen. Sie /er ist offen für die Anregungen von Kollegen.	☐ ☐ ☐ ☐ ☐ ☐

Reflexionsbogen Praktikum

Beziehungsgestaltung	
Sie/er geht offen auf Kinder zu, sucht das Gespräch und arbeitet stets am Aufbau einer positiven Beziehung zu allen Kindern.	☐ ☐ ☐ ☐ ☐ ☐
Sie/er verfügt über interkulturelle Kompetenz (Toleranz) sowie über Akzeptanz gegenüber Kindern mit Beeinträchtigungen und Besonderheiten.	☐ ☐ ☐ ☐ ☐ ☐
Sie/er begleitet die Eingewöhnung von neuen Kindern selbstständig.	☐ ☐ ☐ ☐ ☐ ☐
Sie/er zeigt eine wertschätzende Haltung den Kindern gegenüber.	☐ ☐ ☐ ☐ ☐ ☐
Sie/er lässt Nähe zu und hält angemessene Distanz zu den Kindern.	☐ ☐ ☐ ☐ ☐ ☐
Sie/er orientiert ihr/sein Handeln an der individuellen Lebenssituation, den Interessen, Bedürfnissen und Ressourcen der Kinder.	☐ ☐ ☐ ☐ ☐ ☐
Sie/er zeigt Einfühlungs-, aber auch Durchsetzungsvermögen.	☐ ☐ ☐ ☐ ☐ ☐
Sie/er nutzt positive Erziehungsmittel (z. B. Lob, Anerkennung).	☐ ☐ ☐ ☐ ☐ ☐
Sie/er ist liebevoll und partnerschaftlich im Umgang mit den Kindern.	☐ ☐ ☐ ☐ ☐ ☐
Sie/er beherrscht eine adressaten-, situations- und altersangemessene Kommunikation mit den Kindern, den Eltern und dem Team.	☐ ☐ ☐ ☐ ☐ ☐
Sie/er praktiziert einen altersgemäßen Umgang mit den Kindern.	☐ ☐ ☐ ☐ ☐ ☐
Team	
Sie/er hat einen angemessenen, respektvollen, höflichen Umgang mit den Kolleginnen und Vorgesetzten.	☐ ☐ ☐ ☐ ☐ ☐
Sie/er nimmt aktiv am Teamgeschehen teil.	☐ ☐ ☐ ☐ ☐ ☐
Sie/er sucht den Kontakt zu einzelnen Teammitgliedern, interessiert sich für deren Arbeit und sucht den Austausch mit ihnen.	☐ ☐ ☐ ☐ ☐ ☐
Sie/er bringt sich in Dienstbesprechungen und Teamsitzungen ein.	☐ ☐ ☐ ☐ ☐ ☐
Sie/er unterstützt die Teamarbeit und die Teamaufgaben.	☐ ☐ ☐ ☐ ☐ ☐
Sie/er gibt Informationen verlässlich weiter.	☐ ☐ ☐ ☐ ☐ ☐

Reflexionsbogen Praktikum						
Erziehungspartnerschaft						
Sie/er beteiligt sich selbstständig an hauswirtschaftlichen und pflegerischen Tätigkeiten.	☐	☐	☐	☐	☐	☐
Sie/er handelt immer zum Wohle des Kindes.	☐	☐	☐	☐	☐	☐
Sie/er übernimmt verantwortungsvoll verschiedene Dienste.	☐	☐	☐	☐	☐	☐
Sie/er geht reflektiert mit Belastungen und Grenzsituationen um.	☐	☐	☐	☐	☐	☐
Sie/er setzt sich mit dem sozialen Umfeld der Kinder auseinander.	☐	☐	☐	☐	☐	☐
Sie/er nutzt unterschiedliche Analyse- und Beobachtungsverfahren, wertet diese aus und richtet ihr pädagogisches Handeln danach aus.	☐	☐	☐	☐	☐	☐
Sie/er erkennt die Bedürfnisse der Kinder und handelt situations- und entwicklungsorientiert.	☐	☐	☐	☐	☐	☐
Sie/er erkennt Handlungsbedarf und reagiert angemessen.	☐	☐	☐	☐	☐	☐
Sie/er trifft begründet notwendige Entscheidungen.	☐	☐	☐	☐	☐	☐
Sie/er kann angemessen Grenzen setzen.	☐	☐	☐	☐	☐	☐
Sie/er ist Vorbild im eigenen Verhalten und lebt Würde, Toleranz und Respekt vor.	☐	☐	☐	☐	☐	☐
Sie/er nimmt mit Einzelnen und Gruppen Kontakt auf.	☐	☐	☐	☐	☐	☐
Sie/er hat sowohl den Einzelnen als auch die Gruppe im Blick.	☐	☐	☐	☐	☐	☐
Sie/er pflegt einen verantwortungsvollen Umgang mit Einzelnen und Gruppen.	☐	☐	☐	☐	☐	☐
Sie/er kommuniziert in passender Sprache mit Einzelnen und Gruppen.	☐	☐	☐	☐	☐	☐
Sie/er kann Einzelne und Gruppen im Alltag und in Gruppen zum Handeln anregen, motivieren und begeistern.	☐	☐	☐	☐	☐	☐
Sie/er beaufsichtigt verantwortungsvoll Kleingruppen und die Gesamtgruppe.	☐	☐	☐	☐	☐	☐
Sie/er erkennt Gruppenstrukturen und gruppendynamische Prozesse und richtet ihr/sein Handeln danach aus.	☐	☐	☐	☐	☐	☐

Reflexionsbogen Praktikum

Zielorientiertes Arbeiten

Sie/er regt Entwicklungsprozesse an und begleitet sie.	☐	☐	☐	☐	☐	☐
Sie/er nutzt Alltagssituationen/Schlüsselsituationen als Anlass zur gezielten pädagogischen Arbeit.	☐	☐	☐	☐	☐	☐
Sie/er praktiziert die Partizipation der Kinder.	☐	☐	☐	☐	☐	☐
Sie/er setzt sich mit dem sozialen Umfeld auseinander.	☐	☐	☐	☐	☐	☐
Sie/er setzt Beobachtungsinstrumente der Einrichtung ein, führt Analyseverfahren und Situationsanalysen durch und leitet daraus Bedürfnisse und Themen der Kinder ab.	☐	☐	☐	☐	☐	☐
Sie/er fördert die Kinder ganzheitlich in vielfältigen Bereichen.	☐	☐	☐	☐	☐	☐
Sie/er erkennt die Stärken, Schwächen und besonderen Bedürfnisse der Kinder.	☐	☐	☐	☐	☐	☐
Sie/er nutzt die Möglichkeit zu Einzelarbeit mit Kindern oder macht Angebote für Kleingruppen.	☐	☐	☐	☐	☐	☐
Sie/er wählt passende Aktivitäten zur Erreichung ihrer Ziele aus und formuliert dazu passende Ziele/Kompetenzen.	☐	☐	☐	☐	☐	☐
Sie/er orientiert die Aktivitäten am Entwicklungsstand, an den Bedürfnissen, Ressourcen, Neigungen und Interessen der Kinder.	☐	☐	☐	☐	☐	☐
Sie/er orientiert die Aktivitäten an den pädagogischen Rahmenbedingungen der Einrichtung (Konzept, Leitgedanke, Themen, pädagogischer Ansatz, Jahresverlauf).	☐	☐	☐	☐	☐	☐
Sie/er führt intensive Sachanalysen durch und erarbeitet sich Fachkenntnisse zu den Aktivitäten, die sie/er umsetzt.	☐	☐	☐	☐	☐	☐
Sie/er setzt zur Erreichung ihrer/seiner Ziele im Rahmen ihrer/seiner Aktivitäten Methodenvielfalt ein.	☐	☐	☐	☐	☐	☐
Sie/er plant die gewählten Aktivitäten methodisch-didaktisch.	☐	☐	☐	☐	☐	☐
Sie/er organisiert, bereitet Angebote vor und kümmert sich rechtzeitig um fehlende Materialien und Räumlichkeiten.	☐	☐	☐	☐	☐	☐
Sie/er verfügt über ein notwendiges Zeitmanagement.	☐	☐	☐	☐	☐	☐

Reflexionsbogen Praktikum

Selbstkompetenz und Selbstreflexion						
Sie/er kann den eigenen Entwicklungsbedarf benennen.	☐	☐	☐	☐	☐	☐
Sie/er kann eigene Stärken und Schwächen und Fähigkeiten benennen und reflektieren.	☐	☐	☐	☐	☐	☐
Sie/er kann eigene Handlungen und Entscheidungen konstruktiv reflektieren.	☐	☐	☐	☐	☐	☐
Sie/er ist in der Lage, ihre/seine eigene Haltung gegenüber Kindern und Eltern zu reflektieren.	☐	☐	☐	☐	☐	☐
Sie/er übernimmt Verantwortung für ihr/sein Handeln.	☐	☐	☐	☐	☐	☐
Sie/er ist in der Lage, mit Kritik konstruktiv umzugehen, nimmt Verbesserungsvorschläge an, setzt Verbesserungsvorschläge um und sieht Kritik als Chance etwas zu ändern.	☐	☐	☐	☐	☐	☐
Sie/er kann die Folgen des eigenen Handelns abschätzen.	☐	☐	☐	☐	☐	☐
Sie/er hinterfragt pädagogisches Handeln und Abläufe.	☐	☐	☐	☐	☐	☐
Sie/er zieht Konsequenzen aus ihren/seinen Reflexionen für ihr/sein eigenes Handeln.	☐	☐	☐	☐	☐	☐
Sie/er kann ihre/seine eigene Entwicklung reflektiert beschreiben.	☐	☐	☐	☐	☐	☐
Sie/er kann mit Kritik und Lob professionell umgehen.	☐	☐	☐	☐	☐	☐
Sie/er kann ihren/seinen eigenen Erziehungsstil begründet beschreiben.	☐	☐	☐	☐	☐	☐
Sie/er kann das Selbstbild reflektieren und das Fremdbild annehmen.	☐	☐	☐	☐	☐	☐
Sie/er leitet aus ihren/seinen Erfahrungen Ziele für die eigene Entwicklung ab und formuliert eine eigene berufliche Perspektive.	☐	☐	☐	☐	☐	☐
Sie/er identifiziert sich mit dem Beruf.	☐	☐	☐	☐	☐	☐

Reflexionsbogen Praktikum						
Organisation und Verwaltung						
Sie/er ist mit den vielfältigen Aufgaben der Einrichtung vertraut.	☐	☐	☐	☐	☐	☐
Sie/er ist mit der Konzeption der Einrichtung vertraut und orientiert ihr/sein pädagogisches Handeln daran.	☐	☐	☐	☐	☐	☐
Sie/er ist vertraut mit dem pädagogischen Ansatz der Einrichtung und weiß ihn umzusetzen.	☐	☐	☐	☐	☐	☐
Sie/er kennt Arbeits- und Tagesabläufe in der Einrichtung und setzt sie um.	☐	☐	☐	☐	☐	☐
Sie/er ist vertraut mit unterschiedlichen Dokumentationssystemen und setzt diese, wenn es gewünscht wird, um.	☐	☐	☐	☐	☐	☐
Sie/er übernimmt Routineaufgaben bei alltäglichen Verwaltungsaufgaben.	☐	☐	☐	☐	☐	☐
Sie/er hilft bei der Beobachtung und Dokumentation kindlicher Bildungsprozesse.	☐	☐	☐	☐	☐	☐
Sie/er beteiligt sich, wenn es gewünscht wird, an der konzeptionellen Weiterentwicklung und Evaluation.	☐	☐	☐	☐	☐	☐
Sie/er bietet bereitwillig Unterstützung bei der Planung, Vorbereitung und Durchführung von Festen und anderen besonderen Anlässen.	☐	☐	☐	☐	☐	☐
Sie/er ist vertraut mit den verschiedenen Unterweisungen und rechtlichen Rahmenbedingungen der Einrichtung (Brandschutz, Hygieneverordnung, Infektionsschutzgesetz, Biostoffverordnung, Erste Hilfe, Unfallverhütung) und weiß damit umzugehen.	☐	☐	☐	☐	☐	☐
Öffentlichkeitsarbeit/Arbeit in sozialen Netzwerken						
Sie/er erkennt die Bedeutung von Öffentlichkeitsarbeit.	☐	☐	☐	☐	☐	☐
Sie/er praktiziert bei Bedarf selbstständig Öffentlichkeitsarbeit.	☐	☐	☐	☐	☐	☐
Sie/er trägt, wenn es gewünscht wird, im Rahmen von Öffentlichkeitsarbeit zu einem positiven Bild der Einrichtung bei (z. B. Zeitungsartikel).	☐	☐	☐	☐	☐	☐
Sie/er erkennt die Bedeutung von Kooperationspartnern für die Einrichtung und übernimmt Teile der Kommunikation mit den Kooperationspartnern.	☐	☐	☐	☐	☐	☐
Sie/er ist vertraut mit sozialen und pädagogischen Einrichtungen im Umfeld der Einrichtung und erkennt die Relevanz dieser Einrichtung für die Praxis.	☐	☐	☐	☐	☐	☐
Sie/er kooperiert selbstständig in Absprache mit der Einrichtung mit externen Personen und Institutionen.	☐	☐	☐	☐	☐	☐
Sie/er vertritt die Kita positiv gegenüber Dritten.	☐	☐	☐	☐	☐	☐

Literaturverzeichnis

Brämer, Ulrike/Blesisus, Karin: Fit für das Projektmanagement, München 2010

Burat-Hiemer, Edith/Wils, Heike: Grundvorgabe zu einem Ausbildungsleitfaden, in: Das Kita-Handbuch (online), hrsg. von Martin R. Textor, veröff. 2006 unter www.kindergartenpaedagogik.de/1548.pdf [31.01.2017]

Deutscher Bildungsserver: Lehrpläne/Richtlinien der Fachschulen/Fachakademien für Sozialpädagogik (Linksammlung), veröff. unter www.bildungsserver.de/Lehrplaene-Richtlinien-der-Fachschulen-Fachakademien-fuer-Sozialpaedagogik-4027.html [31.01.2017]

Erzieherin-online.de/Bordeaux, Jens: Ausbildungsdauer und Sonderregelungen, veröff. am 5. Juli 2007 unter www.erzieherin-online.de/beruf/ausbildung/dauer.php [31.01.2017]

Erzieherin-online.de/Bordeaux, Jens: Prüfung und Abschluss, veröff. am 27. März 2004 unter www.erzieherin-online.de/beruf/ausbildung/abschluss.php [31.01.2017]

Erzieherin-online.de/Bordeaux, Jens: Zugangsvoraussetzungen, veröff. am 8. September 2009 unter www.erzieherin-online.de/beruf/ausbildung/zugang.php [31.01.2017]

Fischer, Sabine/Speck-Giesler, Kristina: Praxisanleitung pädagogischer Fachkräfte: Der Weg zu mehr Qualität, Berlin 2014

Günther, Sybille: In Projekten spielend lernen: Pädagogische Kompetenz. Grundlagen, Konzepte und Methoden für erfolgreiche Projektarbeit in Kindergarten und Grundschule, Aachen 2013

Morlock, W./Riehn, S.: Wir bilden aus! – Voraussetzungen für eine gelingende Praxisanleitung, in: Kindergarten heute, 9/2009, S. 24–29

o. A.: Länderübergreifender Lehrplan Erzieherin/Erzieher – Entwurf vom 01.07.2012, veröff. am 1. Juli 2012 unter www.boefae.de/wp-content/uploads/2012/11/laenderuebergr-Lehrplan-Endversion.pdf [31.01.2017]

Schroll-Decker, Irmgard/Hofer, Bettina: „Wir bilden Praktikanten aus!“, Die Rolle der Anleitung, in: Klein und Groß, 09/2014, S. 52–54

Stamer-Brandt, Petra: Pädagogische Praktika in Kita und Kindergarten planen, begleiten, auswerten, Freiburg 2011

Stamer-Brandt, Petra: Projektarbeit in Kita und Kindergarten: planen, durchführen, dokumentieren, Freiburg 2010

Weber, Kurt: Beurteilungen & Zeugnisse (Basiswissen Kita), Freiburg 2008

Weber, Kurt: Erfolgreiche Gesprächsführung in der Kita (Basiswissen Kita), Freiburg 2006

Weber, Kurt/Hermann, Mathias: Praktikantinnen-Anleitung: Aller Anfang ist schwer – oder auch nicht (Basiswissen Kita), Freiburg 2004

Handreichungen

Freie Fachschule für Sozialwesen Dresden: Leitfaden zur Gestaltung der berufspraktischen Ausbildung, Bildungsgang staatlich anerkannte/r Erzieher/in (berufsbegleitend), veröff. im Oktober 2013 unter www.fbs-dresden.de/tl_files/freie-fachschule/pdf/Leitfaden%20zur%20Gestaltung%20der%20berufspraktischen%20Ausbildung%20Bearbeitung%20-%20Fassung%202013-10.pdf [31.01.2017]

Berufsbildende Schule Prüm und Berufsbildende Schule Trier (Hrsg.): Reflexionsbogen Blockpraktikum und Berufspraktikum für Schülerinnen und Schüler der Fachschule Sozialwesen Fachrichtung Sozialpädagogik, veröff. am 15. Oktober 2015 unter http://www.bbs-ehs-trier.de/schulformen/fs/fss/fss_Reflexionsbogen%20FSS_2015-10-15.pdf [31.01.2017]

Deutsches Rotes Kreuz e. V. (Hrsg.): Empfehlungen zur Anleitung von Praktikantinnen und Praktikanten in DRK-Kindertageseinrichtungen, veröff. im September 2009 unter http://drk-wohlfahrt.de/uploads/tx_ffpublication/Empfehlungen_Praktikantinnen_in_DRK-Kitas.pdf [31.01.2017]

Hamburger Institut für berufliche Bildung (Hrsg.): Erzieherinnen und Erzieher. Standards für die praktische Ausbildung in Hamburg (Broschüre), veröff. im Mai 2013 unter www.weiterbildungsinitiative.de/fileadmin/user_upload/Standards-praxisausbildung-erzieher-FS.pdf [31.01.2017]

Sächsisches Staatsministerium für Kultus Dresden (Hrsg.): Empfehlungen zur Gestaltung der berufspraktischen Ausbildung an der Fachschule, Fachbereich Sozialwesen, Fachrichtung Sozialpädagogik – Erzieher/Erzieherin – Klassenstufen 1 bis 3, veröff. im August 2009 unter www.schule.sachsen.de/lpdb/web/downloads/lp_fs_empfehlungen_erzieher.pdf?v2 [31.01.2017]

Staatliche Berufsbildende Schule für Gesundheit und Soziales Meiningen (Hrsg.): Handreichung für die Gestaltung der berufspraktischen Ausbildung in der Fachschule für Sozialpädagogik, veröff. im Januar 2011 unter www.bbs-gus-mgn.de/Daten/Handreichung_Januar_2011.pdf [31.01.2017]

Staatliche Berufsbildende Schule Gesundheit, Soziales und Sozialpädagogik Gera (Hrsg.): Leitfaden für die berufspraktische Ausbildung in der Fachschule Sozialpädagogik, veröff. im Oktober 2014 unter http://sbsgesuso-gera.de/etc/erzieher/Praktikumsleitfaden_2014_wz.pdf [31.01.2017]

St. Helena Schule, Fachschule für Sozialwesen (Hrsg.): Informationsbroschüre über das Berufspraktikum 2016/2017 der Höheren Berufsfachschule Sozialassistenz, Trier, 2016

St. Helena Schule, Fachschule für Sozialwesen (Hrsg.): Reflexionsbogen zur Selbst- und Fremdeinschätzung im Berufspraktikum, Trier, 2016